行商列車

〈カンカン部隊〉を追いかけて

山本志乃
yamamoto shino

創元社

行商列車

〈カンカン部隊〉を追いかけて

山本志乃
yamamoto shino

創元社

上井駅裏付近の行商人
（昭和 30 年代、倉吉市　米原季雄氏撮影）

装幀……………………………………山田英春
地図・図版作成……………………石井裕一（三月社）
企画・編集・ＤＴＰ組版…………片岡 力

はじめに——鉄道と行商

愛媛県浅海のオタタ
（昭和 27 年、村上節太郎氏撮影、愛媛県歴史文化博物館蔵）

一枚の写真がある（前ページ参照）。

正面を見据えて立つ、しっかりとした体つきの女性が五人。左端の赤ん坊をおぶった人以外は、中年から初老といったところか。頭上に桶を載せたり、四角い箱や風呂敷包みを持っていたり、そのいでたちからして、行商人であることが一目瞭然だ。

場所は、愛媛県の浅海原《あさなみはら》（松山市）、瀬戸内海に面した漁村である。昭和二十七年、内子町出身の地理学者で、生涯にわたってカメラを友とした村上節太郎が撮影した。

愛媛の魚行商人は、「オタタ」のよび名で知られる。由来には諸説あるが、京都の公卿の娘、滝姫（滝津姫）がこの仕事の元祖であることからその名がついたという。

典型的なオタタさんは、左から二人目の女性だ。頭上にゴロビツ（御用櫃）という桶を頂き、着物に前掛けをつけている。桶に入っているのは生魚。その上に干イワシなどを入れたザルを重ねる。総量は十〜十五貫（一貫＝３・７５㎏）ほどになるという。そのため、桶の下には、ワンという手拭を輪にしたクッションを敷いている。

オタタさんのことは、戦前の魚行商人を丹念に調べ上げた民俗学者、瀬川清子が著した『販女《ひさぎめ》』に詳しい。とりわけ大勢のオタタを生んだ松前町《まさき》（伊予郡）での調査録である。

この地域は地引網漁が盛んで、網主やそこに雇われている引き子の妻、娘たちが、魚を売り歩いた。それぞれ農村に得意先をもっていて、春ならば麦、秋ならば米に換える。これをカエゴトという。いわば、漁村と農村との物々交換である。そうやって一年分の穀物を貯えるだけでなく、その一部を売って諸々の支払いにもあてていた。かつては年末に清算するので、これを「節季じまい」という。普通は四〜五里（一里＝約４㎞）、つまりは遠いところで往復十里くらいを日帰りしていた。もちろん徒歩である。

瀬川のこの聞き書きは、昭和十年代後半の当時すでに、過去の話であった。「今は、他国の氷漬の魚を市場で仕入れて売りまわっている」とある。漁師の妻が、夫のとってきた魚を近隣に売り歩く、というような家内分業は、もはや昔語りに形を残すばかりだったことになる。

ならば、現実はどうであったのか。

「四時頃に市場で仕入れ、五時の汽車で出て、一二時頃には帰ってくる」。市場で仕入れ、鉄道を使って売りに行っていた。夫が自転車で売りに行き、妻が汽車で行くという例もあったようだ。こうなると、漁家の副業というよりは、専門の商人である。

松前駅は、明治二十九（一八九六）年に松山市街と郡中（伊予市）とを結ぶ南予鉄道の駅として開業した（明治三十三年からは伊予鉄道）。松山までは約八キロ。四国一の大都市を間近に控え、市街地の発展とともに、食材としての魚の需要も高まっていったのだろう。

瀬川の著書には、もっとびっくりするような話が出てくる。

明治二十年代後半に地元で缶詰作りが始まって、これが大当たりした。缶詰の中身は、ビールのつまみに手ごろなジャコ類。カフェや料理屋でもてはやされた。「今日では三〇〇人以上の人が缶詰売りに出ている」とある。

そのうちに、缶詰売りはむしろついでのような形になり、反物や食料品を持って、半年ほど商売に出かけるという人たちが現れた。女が二〜三人に男がひとりついて行くか、あるいは夫婦で行く場合が多かった。北海道・樺太・朝鮮・台湾・満洲と、海を越えて行くことも珍しくなかったらしい。軍隊の移動に合わせて中国大陸の戦地に出かける人もいた。兵隊の洗濯などもしてあげるので、ずいぶん重宝されたという話まである。その人たちは、「亜鉛板の箱を二つ三つ重ねて背負うた」そうで、さすがにゴロビツを頭上に頂いて戦地を歩くわけにはいかなかったようだ。

＊＊＊

再び、冒頭の写真を見てみよう。

オタタさんたちは、戦争をはさんでその後も、行商を続けていた。そしてこの一枚の写真から、行商姿の移り変わりがわかる。

左から二人目の女性は、昔ながらのスタイルで桶を頭に載せている。真ん中と一番右端の人は、四角い箱を肩にかけたり手に持ったりしている。その間にはさまれた人は、手に風呂敷包みを持ち、正面からは見えないが、なにか背負っているようだ。

足元にも注目したい。桶の女性は草履、箱を持つ女性はズック靴か地下足袋である。戦後の復興期にあたるこのころは、オタタさんの世界でも、服装や道具が時代に合わせて改変されていく過渡期だったのである。

さて、ここに写っている四角い箱。これがブリキカンであることは間違いない。戦後のこの時期、同様の道具が全国的に普及して、列車を使った魚の行商が各地で盛んになった。従事するのは多くが女性で、その地域のほとんどの家が携わったというところもある。

ブリキカンを持ち、集団で列車に乗る行商人。彼女たちについたよび名は「カンカン部隊」だった。場所によっては「ガンガン部隊」というところもある。

カンカン部隊は、戦後の日本各地で活躍していた。昭和三十年代から四十年代にかけて、早朝の列車の中で行商姿の女性を見かけた人は大勢いるはずだ。それは当時、ごく日常の情景だった。あたり前すぎて、あえて気にも留めないまま、いつの間にか数が減り、そして消えていった。

全国各地に存在したことはわかっていても、その実像はあまり知られていない。カンカン部隊のトレードマークともいえるブリキカンも、いつごろ、どのように登場したのか不明である。運ぶものが魚なのだから、桶やザルでは汁が出て車内が汚れてしまう。列車に乗ることによって、ブリキカンを使う必然性が生じたと考えるのが普通である。

オタタさんの例でもわかるように、列車を使った行商は、戦前からすでに行われていた。ただし、その当時ブリキカンが使われていたのかどうか、定かでない。先に紹介した瀬川の著書では、戦前の行商人が使った「亜鉛板の箱」についてふれられているが、亜鉛板、すなわちトタン製のカンならあったということだろうか。しかしトタンは、スズを材料とするブリキに比べて錆びやすいから、魚の運搬にはあまり都合がよくない。とすれば、トタンのカンの改良版がブリキカンなのか。いずれにしても、推測の域を出ない。

トタンやブリキなど、工業製品を連想させる生活道具は、どことなく「新しいモノ」という感じがして、歴史や民俗の視点からはどうしても、興味の対象外とされがちである。木工品や竹細工のように、いかにも民具然としていないということもあるだろう。実際に私も、過去にブリキカンに出会う機会はあったのだが、まったく見過ごしてしまっていた。

＊＊＊

「カンカン部隊」という言葉を私が初めて耳にしたのは、平成十三年。新潟県西部の名立《なだち》町（上越市）で、港の近くに住む明治四十二年生まれのおばあさんから、魚行商の話を聞いていたときである。

この人は、二十三歳で漁師の家に嫁ぎ、三年ほどたったとき、夫が怪我をして働けなくなったので、魚の行商を始めた。昭和八年だった。それから五十五年間、四人の子どもを育てながら、高田（上越市）の町に魚を売りに行った。

高田へは、汽車を使って行った。早朝に地元の港で仕入れをして、北陸本線で直江津まで行き、信越本線に乗り換える。片道約二〇キロの道のりだ。汽車では、荷物室のような車両が乗り場と決まっていた。持っている魚が臭うから、というのが理由である。直江津までの途中駅は、どこも日本海に面した漁村地域である。そこから次々に仲間の行商人が乗ってくる。車内はあっという間にいっぱいになった。

「ガンガン部隊、って、そう言われてました」。みんな、カンカンを背負っているからついたよび名だ、とおばあさんは言い、使っていた道具を見せてくれた。

それは大小ふたつのブリキカンだった。蓋の裏に、地名と屋号が書いてある。ふたつを重ね、背中の部分に板と座布団のような布を当てて、布製の紐でこれをくくる。一本の紐を上手に回し、ちょうど背負子《しょいこ》の肩紐のような形を作って、これを背負うのである。

実際に背負わせてもらった。中身は空なのに、これだけで十分肩に重量を感じる。魚が入ればどれほどの重さなのか想像もつかない。背当てをしていても、歩くときの振動で金属製の箱がゴツゴツと体に響く。こんな小柄なおばあさんが、よくぞこれを背負って五十五年間も通われたものだと、心底恐れ入った。

カンは、地元の板金屋に頼んで作ってもらった。そこまで聞いて、私は肝心なことを忘れていた。いつ、それを作ってもらったか、である。

昭和八年から行商を始めたというので、その時に作ってもらったものと思い込んでいた。おそらく、戦前から戦後にかけて、道具にもいくつかの変遷があったはずだ。それを聞かなかったのは重大な落ち度であった。要するに、当時、ブリキカンに対する私の関心は、その程度だったのである。

カンカン部隊という言葉にも、さほど注意を払わずにいたが、その後いくつかの本に書かれているのを見て、いろいろなところで同じようなよび方がされているのか、と認識を新たにした。

数年前の夏、鳥取に行った。県東部の岩美町網代《あじろ》という漁師まちへ、やはり魚の行商人に会うためだった。網代では、女性の行商人が一〇人ほど、現役で仕事をしている。多くは自動車、もしくは自転車で近隣に売りに行く。

ちょうど白イカの季節だった。早朝、港の市場で仕入れの様子を見ながら、話を聞くチャンスをうかがったが、みな忙しそうで、声をかけるのがはばかられた。

仕入れた魚箱を慌しく積み込み、それぞれのお客さんが待つ場所へと出かける行商人の車を見送って、漁協職員の男性に少しだけ話を聞いた。

すると、その男性は、行商人のことを「カンカンさん」と言った。現在使われている運搬用の道具は、一般的な発泡スチロールの魚箱である。それなのに「カンカンさん」とよぶということは、行商人＝ブリキカンを担いで売りに行く人、というイメージが定着していることを意味している。事実、かつてはブリキカンを背負って、汽車で鳥取方面へと売りに行く人が大勢いたという。

次第に、ブリキカン、そしてカンカン部隊のことが気になってきた。

魚行商の歴史については、先ほどの瀬川清子のみならず、さまざまな先学の報告がある。けれどもそれらはたいてい、徒歩、もしくは牛馬による移動に注目したもので、鉄道を使った行商について詳しく書かれたものはほとんどない。ブリキカンと同様に、鉄道という近代的な交通手段もまた、「古態」を探るうえではあまり意味をなさない、むしろ敬遠すべき存在だったようである。

そうはいっても、これほどまでに全国的現象だったカンカン部隊を、このまま埋もれさせてよいはずはない。時すでに遅しといった感はあるが、なんとか復元して記録できないものだろうか。

そう思い始めた矢先のことである。行商人専用の列車が、今なお走っていることを知った。近畿日本鉄道（近鉄）の鮮魚列車。近鉄のホームページに掲載されている写真を見ると、正面に「鮮魚」と表示されている。魚行商のための列車であることに間違いなさそうだ。

これに乗り、今なお行商している人たちがいる。会いたい、会って話を聞きたい、と痛烈に思った。平成二十二年の春のことである。

＊＊＊

ここから、私のカンカン部隊の〝おっかけ〟が始まった。もっとも、カンカン部隊そのものは、元号が昭和から平成に変わるころには、ほぼ終焉を迎えている。だから、正しくはカンカン部隊の残影を求めるおっかけである。

まずは、現役で仕事をしている近鉄線の行商人に密着した。

行商人が住む伊勢湾沿岸と商売先の大阪を往復するうち、他の地域も気になりだした。そこで、かつて行商人が大勢行き来したという、山陰本線の沿線に足を延ばした。近鉄線とは異なり、すでに行商人の姿は消えて久しい。だが、思い出はまだ、生きていた。

焦燥感に駆られた。書きとめるには、今しかないと思った。カンカン部隊の痕跡を求めて、訪ね歩くことをくりかえした。

そうして追いかけていると、いくつかの大切なことにも気がついた。

まずひとつ目は、ローカルな鉄道網がいかに日本の隅々にまで行きわたり、正確に、毎日決まった時間に列車を走らせていたか、という、いとも単純な事実である。この規則正しい移動手段がなければ、カンカン部隊の活躍もなかった。

そういう点でいえば、昭和六十二年の国鉄分割民営化はひとつの転換期だった。このときに廃線になったり、列車の本数が減ったり、経路が変わったりしたことで、細々と商売を続けていた行商人の足が最終的に奪われる結果となったところも多い。

ふたつ目。カンカン部隊の多くが女性だったことも、改めて考えるべき問題だった。「女性の社会進出」などとうたわれるようになる以前から、カンカン部隊は家を離れて働きに出ていた。とにかく逞しいのだ。魚と氷を入れ、大人ひとりほどの重さになるカンを担ぐ。しかもその稼ぎは、家族を養うに足るほど立派なものだった。

これまで一般に、家庭内での女性の役割や仕事といえば、たいていが直接収入に結び付かない、家事や家政の範疇で語られがちだった。行商にしても、農業や漁業といった主たるなりわいを補う副次的なものというとらえ方が一般的で、余剰生産物を片手間に売るようなイメージが先行している。カンカン部隊は、こうした女性の労働に対する先入観を、みごとに覆してくれた。

さらに三つ目。カンカン部隊の活躍時期が、高度経済成長期の只中にあたることも、考えてみれば不思議なことだった。重化学工業と輸出産業の急速な発展に象徴されるこの時代、日本の産業構造も、生活文化も、大きく変わった。衣食住のさまざまな場面で合理化が進み、大量生産と大量消費が庶民生活の細部にまで浸透した。

この時代背景と、行商といういかにも前近代的な商売とは、相反するかのように思われる。ところが実際には、カンカン部隊の活動は戦後の復興期あたりから顕著になり、昭和三十〜四十年代にもっとも隆盛となった。高度経済成長期とは、あらゆる意味でマンパワーが最高潮に達した時代だったのだ。その高度経済成長期も、もはや歴史的出来事となりつつある。この時代になにが起きたのか、カンカン部隊の活躍をとおして見つめなおすことで、新たな発見にもつながるだろう。

そして最後にもうひとつ。カンカン部隊が運んだものはなんだったのか、ということである。生魚や干物。あるいは練り物などの水産加工品。私たちが日々口にする食料品であることは間違いない。ここで重要なのは、それらの商品が、彼女たち自身の目で厳選され、自らの腕と足でもって運ばれてきたものであるということだ。買う側は、行商人と向き合ったとき、生産・運搬・販売という流通過程すべてを見通すことができる。そしてそのことを、面と向かって確かめることができるのである。思えばこれほど安心なことはない。

商品である食べ物に、「信頼」というなににもかえがたい包装をほどこして、彼女たちは客のもとへと届けた。それは単なるサービスではなく、人と人が直接顔をつきあわせる商売だからこそ、必要不可欠だったのだ。

＊＊＊

今、私たちは、肥大化したグローバルな流通網の末端にいる。

買い物は便利になった。

生活に必要なありとあらゆる商品にあふれたスーパーマーケット。真夜中でも開店しているコンビニエンスストア。さらには直接足を運ばなくても、インターネットで注文すれば、世界中から自宅に商品が届けられる。財布から現金を取り出す必要もなく、カードやネットバンキングで即座に決済もできる。

実のところ、私自身もこうした合理的な買い物システムを享受するひとりである。享受しながら、漠然としたあやうさと不安をどこかに感じている。

そのあやうさと不安がなによるものなのか、カンカン部隊を追いかけるうちに、おぼろげながら見えてきた。

五十年前の行商人の姿を追いながら、気がつくと、今立っている足元の暮らしを考えていた。

彼女たちの商売は、彼女たち自身の「生き方」そのものである。そしてその生き方は、混迷する現代社会にある私たちに、たくさんのヒントを与えてくれるのである。

『行商列車——〈カンカン部隊〉を追いかけて』

目次

第3章　魚アキンドの足跡

第4章　アキンドに生きる——魚行商体験記

【各章扉写真】

大扉……上井駅裏付近の行商人（昭和三十年代、倉吉市　米原季雄氏撮影）

はじめに……愛媛県浅海のオタタ（昭和二十七年、村上節太郎氏撮影、愛媛県歴史文化博物館蔵）

第1章……行商人のカン（鶴橋駅にて、平成二十六年五月、筆者撮影）

第2章……戦前からある車両2227形2242を使用した鮮魚列車（鶴橋駅にて、昭和四十一年、小林庄三氏撮影、近鉄グループホールディングス株式会社提供）

第3章……倉吉魚市場の近くにて（昭和三十年代、倉吉市　米原季雄氏撮影）

第4章……倉吉市宮川町の日ノ丸バス会社にて（昭和三十年代、倉吉市　米原季雄氏撮影）

第5章……「伊勢屋」の店先に並ぶ商品（平成二十三年八月、国立歴史民俗博物館　勝田徹氏撮影）

第6章……「伊勢屋」の店先にて（平成二十三年八月、国立歴史民俗博物館　勝田徹氏撮影）

おわりに……大山口駅（山陰本線）のサンドさん（昭和四十年ごろ、鳥取県立公文書館蔵）

（本文中の写真でとくに表示のないものは、すべて筆者撮影による）

第1章 大阪の「伊勢屋」

行商人のカン
（鶴橋駅にて、平成 26 年 5 月、筆者撮影）

早朝の松阪駅

平成二十二年九月十六日、木曜日。

朝五時にビジネスホテルのチェックアウトを済ませて、外に出た。うっすらと白んだ空に雲はない。

がらんとした駅前のロータリーを、サラリーマンがふたりほど、急ぎ足で突っ切って行く。その後に続いて、私も改札を通った。

松阪駅は、構内にＪＲ紀勢本線と近鉄山田線のホームが並んでいる。案内表示を確かめた。六番線が近鉄線の上り、大阪方面行きの乗り場とある。

階段を上がり、連絡通路を歩いているとき、携帯が鳴った。晃さん（仮名）だ。

「今、どこにおる？」

「松阪駅にいます。ホームに降りるところです」

「わかった」

あれ？と思った。前の日確かに、今朝の始発の普通電車に乗るという話をした。だが、晃さんたちが使う行商専用の鮮魚列車の発車は、もう少し後である。この時間はまだ、仕入れで忙しいはずだ。

六番線ホームは、思いのほか混雑していた。長靴姿のおじさんやおばさんが二〇人ほど、ごろごろと音をたてて、大きな荷物を押している。

「カンカンだ！」

声に出さず、心で叫んだ。

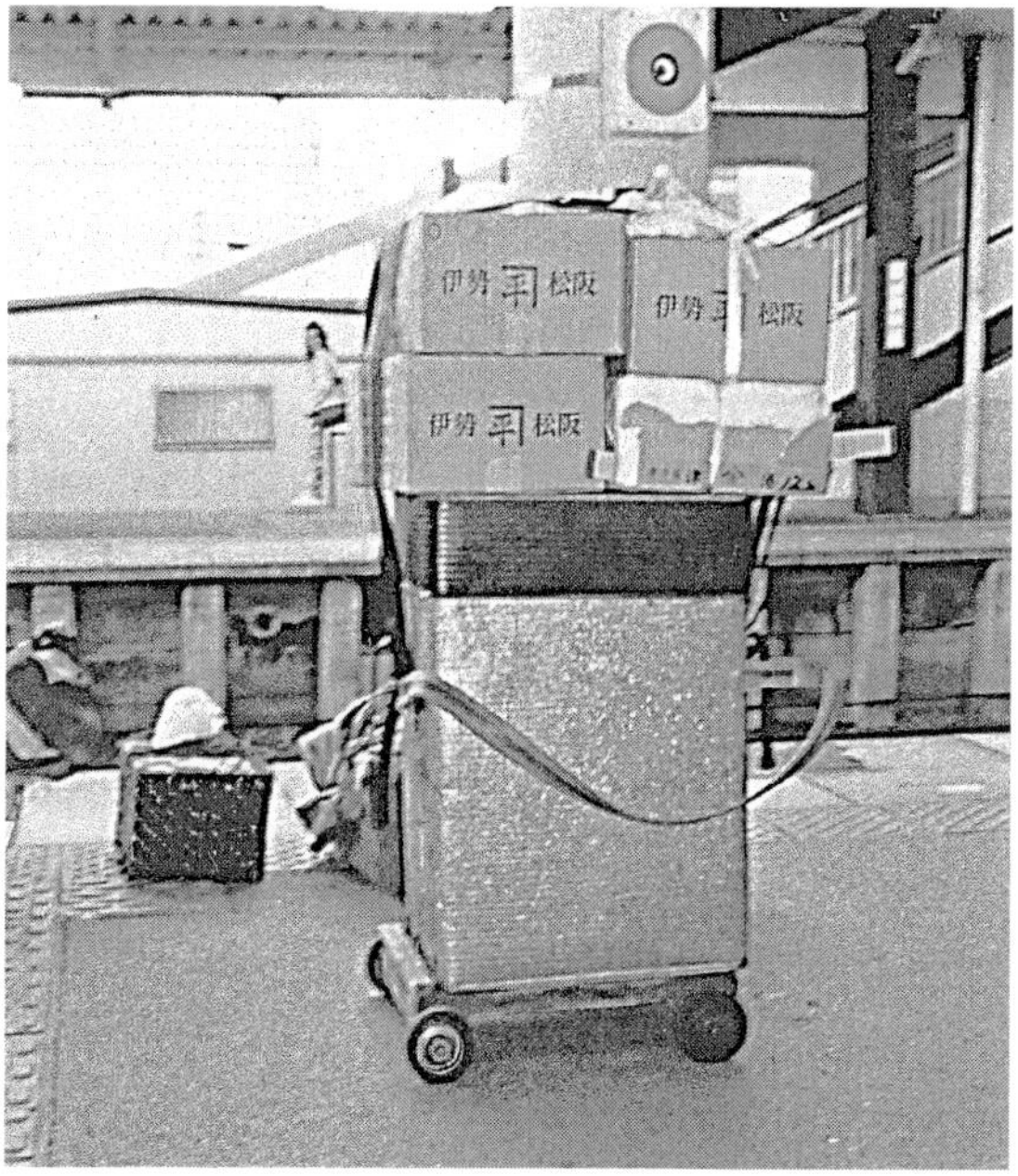

コロ（台車）に載った行商人のカン
（松阪駅にて、平成22年7月）

カンは、想像していたよりずっと大きい。腰のあたりまで高さがあり、その上に二つ、三つと段ボール箱が重なっている。ひとりの力では到底持ち運べそうにない。台車が必要なのもうなずける。

始発電車はまもなくやってくる。すぐ隣で、おじさんがカンにもたれて電車を待っている。

「これ、なんですか？」

わかっているのに、聞いてみた。

「さかな」

「魚？　どこに運ぶの？」

「大阪」

おじさんは少し眠そうだ。

「毎日？」

「そう」

「何時に起きるんですか？」

「一時」

へえ〜、と相槌を打ったところに、晃さんが現れた。

こっち、こっち、と手招きされ、後を追いかける。「顔は写さんようにな。役員に話をしといたる」

写真は撮らないつもりだった。晃さんからそう言われていたからだ。しかし、撮ってもよいということなのか。その了解を組合の役員さんにとりつけるため、わざわざ来てくれたようだ。

　電車の到着が迫っていた。ベンチに座っていた人たちも、立ち上がって乗車準備にかかっている。

　鞄から、カメラをとりだした。とたん、「写真なんか、撮るな！」。どすの利いた声に一喝された。長靴姿の大柄なおじさんだ。

　晃さんは振り返り、少しすまなそうに、「な、いろんな人がおるんや」と言った。やはり写真はやめよう。私はカメラを再び鞄に入れた。

　紹介された役員さんは、ここにいる行商人仲間でも、比較的若手のようだった。「そんなら、頼むわ」。手短に説明すると、晃さんは足早に去って行った。

　五時二二分発、名張行きの普通電車がホームに滑りこんできた。

「名張でみんな、急行に乗り換える。そのときに撮ったらええわ」。役員さんが教えてくれた。

「けど、顔は撮らんようにな」

　ドアが開いた。風呂敷でくるんだ大荷物を背負う人、カンが載った台車を手で持ち上げる人、それぞれ手馴れたようすで次々と乗り込んでいく。

　始発電車はガラガラだ。一般の乗客は、ほんの数えるほどしかいない。とりあえず、ドアに近い、ロングシートの端に座った。

　気配を感じ、顔を上げた。前掛けをしたおばさんが目の前に立ち、無言で見下ろしている。なにかまずいことをしたのか。とっさに不安が頭をかすめた。するとおばさんは、顎をしゃくり、「あっちも空いてるよ」と言った。

そうか。毎朝決まった自分の場所というのがあるのだ。そそくさと移動すると、おばさんは満足気にゆったり腰かけ、ポケットから手帳を取り出して、なにやら鉛筆でこまごまと書いている。仕入れの覚え書きだろうか。

さきほどの役員さんが隣に座っていた。

「毎朝これに乗って行かれるんですか？」

「そう。一応、一番後ろの車両に乗ることに決まってるけど、すいてるからね。みな、けっこう好きなとこに乗ってますわ」

そう言うと、役員さんは着ていたジャンパーを頭からすっぽりかぶり、椅子の背にもたれて寝てしまった。

毎朝一時起きなのだ。名張までの五四分、貴重な睡眠時間である。

一番列車の一番組

松阪駅を出てまもなく、朝食時間が始まった。同じ車両の行商人は一〇人ほど。大半が夫婦だ。座席に風呂敷を広げ、奥さんが荷物からおにぎりやタッパーに入ったおかずを出して並べている。

乗るなり寝てしまう人もいる。膝かけを肩まで上げ、帽子を顔にかぶせる。頭の後ろに枕代わりのタオルをおき、座ったまま微動だにしない。

私に指定席を奪われかけたおばさんは、ひとしきりメモが終わったようだ。靴を脱ぐと、横向きになって座席に足をあげ、端の手すりに背を持たせかけて、寝る体制に入っている。なるほど、この場所でなければいけないわけだ。

隣の松ヶ崎駅と、そのふたつ先の伊勢中川駅から、それぞれひとりふたり、カンを持った人が乗って来た。伊勢中川で、線路は大阪方面と名古屋方面に分かれる。ここから先は、大阪線である。

景色も少し、違ってきた。伊賀の山あいへと入ったようだ。駅でドアが開くと、冷気がさーっと顔をなでる。誰も乗ってこない。乗客はもはやみな、夢の中である。

しんとした車内で、私ひとりが起きている。まさに今、行商の人たちと同じ時間、同じ空間を共有している、という感慨に満たされながら。

乗りたくてたまらなかった行商列車に乗り、会いたくてたまらなかった行商人たちに囲まれている。写真を撮ることができなくても、直接インタビューできなくても、それだけでうれしかった。

始発の電車に乗るこの人たちを、「一番組」とよぶのだそうだ。朝一番の列車に乗るから一番組。前の日に、晃さんから聞いた。

晃さんと、妻のよし子さん（仮名）は、大阪市西成区の商店街に店を持っている。自宅がある松阪から、日曜日と祝日を除く毎日、近鉄の鮮魚列車で通っている。昨日そこを訪ね、カンの使い方や組合のことを教えてもらった。店を訪ねるのはこれが二度目である。

「今晩、松阪に泊まるんです。明日の始発に乗ろうと思って」

私がそう言うと、晃さんもよし子さんも、おや？という顔をした。

「あ、もちろん写真、撮りません。みなさんの邪魔にならないように気をつけます。ただ乗ってみたいんです」

行商道具のカンを、晃さんたちはもう使っていない。ただし、鮮魚列車よりひと足先に始発の普通電車に乗って行く人たちは、まだこれを使っているということを、最初の訪問で聞いていた。写真を嫌がることも、取材は禁止であることも、その時に聞いたことだった。

私が初めておふたりの店を訪ねたのは、この二か月前の七月十六日、蒸し暑い金曜日だった。比較的手が空く午後三時ごろなら会ってもらえるというので、仲介してくれた近鉄の課長と、商店街の長いアーケードの下を歩いて行った。近鉄電車を使う行商人たちは、組合を作っている。晃さんは、このとき組合の会長だった。近鉄が行商列車を走らせていることを知り、どうしても会いたいからと、課長に紹介の労をとってもらったのだ。たまたま、私が勤める研究所が近鉄の所管になったばかりで、タイミングもよかった。

「あんまり期待せんほうがええで」。歩きながら課長が言う。「めんどくさそうやった」。電話でアポイントをとったときの感触らしい。

店先で簡単な挨拶を交わし、私は自分の身分と、魚行商について調べていることを説明した。そして、列車を使って行商している人たちの仕事を詳しく知りたいので、ぜひお話を聞かせてほしい、と申し出た。

晃さんは魚をさばきながら、「話すようなこと、なにもない」と言った。「親の代からやってるけどな、みんな歳とったり死んでしまって、話せるようなもんもおらん」

お仕事のようすを見させていただくだけでもかまわない、朝から一日同行させてはもらえないだろうか、とも聞いてみた。この問いかけはもってのほかだったようで、きっぱり拒絶された。組合として、取材は一切受けない。マスコミ関係で過去にトラブルがあり、そう決めたのだという。

ならば、松阪のご自宅をお訪ねしてもよいか、としつこく私は聞いた。すると、それまで下を向いて片づけをしていたよし子さんが顔を上げた。

「近所もみな同じ商売してる人ばっかりやからな、うちだけそんなことしたら、村八分になってしまうわ」

冷え冷えとした空気が流れている。晃さんは黙々と魚をさばき続け、その背中が、できれば早急にお引き取り願いたい、と言っている。これまでの話を総合すれば、立場上、無理もないことだ。こうして会ってくれただけでも感謝しなければいけない。

では失礼します、と言ってしまえば、それで終わる。もう二度と、この人たちに接触することはできないだろう。

「ブリキのカン、使ったことありますか？」と私は聞いた。意外にも、よし子さんが敏感に反応した。「お母さんが使ってた。大きなカンでな、肩にかけて、毎日ここの前を走ってた、って、今でもみんなよう覚えてるよ」。この商売は、よし子さんの母が始めたのだという。そのお母さんは十年ほど前に亡くなってしまった。七十歳を少し越えたくらいだった。働きすぎたのだ、とよし子さんは言う。

お母さんの思い出話とともに、少し空気が変わってきた。

そこからなにをどう話したのか、実のところよく覚えていない。とにかく必死だった。商売や生活の妨げになるようなことをするつもりは毛頭ない。そのことをどうしたら伝えられるだろうかと、それればかり考えていた。確か、「皆さんの仕事を歴史に残したい」というようなことを口走ったように思う。ちょうど国立歴史民俗博物館の民俗展示室リニューアルを手伝っていた関係で、展示するカンを探していた。率直にそのことも話した。

「物置にいくつかあったな。探しといたるわ」。晃さんは言い、電話番号の交換をした。「あったら電話する」

それからしばらくして、電話があった。カンが見つかったという知らせだった。大きさを測っていただくようお願いをし、再訪の約束をした。

こうして昨日、二度目の訪問が実現した。

一番組を乗せた電車が、トンネルに入った。現代版の峠越えである。松阪方面からこの青山峠（三重県伊賀市）を越え、桜井（奈良県桜井市）へと通じる近鉄大阪線は、かつての初瀬《はせ》街道とほぼルートを同じくする。江戸時代、伊勢参りの人たちが盛んに行き来した道だ。トンネルを出ると、住宅地が目につくようになってきた。このあたりはもはや、大阪の通勤圏なのだろう。

駅に止まった。看板を見ると、次がこの電車の終点の名張駅である。

それまで身じろぎもせず熟睡していた人たちが、やおらむっくりと起き上がった。体内時計だろうか。隣の役員さんも、いつの間にか元通りにジャンパーを着て、荷物をドアの前に動かしている。

「名張から先は、一番後ろの車両に乗ることに決まってる。みんなそっちに向かって走るからな」。写真を撮るなら、その後ろ姿を撮ることだ、とアドバイスしてくれているのだ。

私はカメラを取り出した。乗り換えに集中しているのか、誰もそれに気づかない。

名張に着いた。同じホームの反対側に停車中の電車が見える。

ドアが開くなり、行商の人たちはそれぞれ荷物を押しながら、その電車の最後部に向かって突進していく。急いでシャッターを切る。移動はあっという間だった。写真にばかり気をとられていたら乗り遅れる。がむしゃらに何枚か撮り、ぎりぎりのところで飛び乗った。

六時一七分名張発、大阪上本町行きの区間快速急行（当時）は、けっこう座席が埋まっていた。行商人は、全員が最後部の専用車両におさまってしまったので、通路のドアを隔ててようすがよくわからない。

一駅進むごとに、乗客が増えていく。と同時に、田園風景から家が密集した街並みへと、窓の外も変わってきた。

大阪府に入った。今度は住宅地から、ビルが立ち並ぶ都会の風景に変わった。松阪を出てから通り抜けてきた、山間の景色がうそのようだ。

隣の車両で人影が動いた。降車準備に入ったらしい。次は鶴橋駅だ。ＪＲ線や地下鉄が交差するターミナル駅である。

私も降りることにした。鶴橋は大きな駅だけあって、乗降客の数も多い。

最後部の行商人たちは、やはり動きが早かった。隣のホームから尼崎方面行きの電車に乗り換える人。エスカレーターに乗って環状線の乗り場へ急ぐ人。出口に向かう人。サラリーマンや学生でごった返す人込みの中を、各々の目的地へと散っていく。私はホームに立ち、その後ろ姿をぼんやりと見送った。

近鉄の鮮魚列車

再び、携帯が鳴った。晃さんだった。

「鮮魚列車、写真とるか？」

そもそも写真は無理だと思っていたし、始発電車のことで頭がいっぱいだったから、そこま

名張駅で乗り換える一番組の人たち
(平成22年9月)

で考えがまわっていなかった。鶴橋あたりでぶらぶらしていたら、通過するのを見るくらいはできるだろう、とそう思っていた。

「鶴橋からな、ひとつ戻ったら、布施駅や。そこで八時四五分くらいに待っとき。ええか、布施駅やで」

私は時折、自分の〝どんくささ〟に助けられることがある。もたもたしているのを見るに見かねて、手を貸してくれる人というのはいるものだ。今回の成り行きも、どうやらそれに近い。まだ七時半だから、時間はたっぷりある。とりあえず布施駅に移動して、そこでゆっくり鮮魚列車を待とうと思い、下り線の電車に乗った。

やはり、私はどうしようもなくどんくさい人間だった。早朝からの緊張が解けて、おおよそ注意力というものに欠けていた。しかも、目的地の布施駅を通過する瞬間まで、自分の失態に気がつかなかった。区間快速急行に乗ってしまったのだ。

それでも、まだ時間には余裕がある。どこかで引き返せば問題なかろう、と悠長に構えていた。電車はどんどん加速し、ビルの風景が遠ざかっていく。次に止まるのはどの駅なのだろう。一〇分過ぎたが全く止まる気配がない。

乗ってから二〇分が経過し、さすがに焦り始めたころ、五位堂駅（奈良県香芝市）でようやく停車した。階段をバタバタと駆けあがり、反対側のホームに降りて、停車中の上り電車に乗った。

一時間ほど前、一番組といっしょにこのあたりを通ったときより、はるかに混雑している。

ラッシュの真っ只中である。

時計を見た。八時を少し回っている。今度の電車は準急なので、停車駅も多い。手帳を取り出し、控えてきた鮮魚列車のメモを確かめた。宇治山田駅を六時〇九分に発車し、大阪上本町駅に着くのは八時五七分とある。鮮魚列車は果たして今、どのあたりを走っているのだろう。

一〇分ほど経ったころだったと思う。止まった駅で、しばらく停車した。

向かいのホームを、見覚えのある電車が通過していく。真紅のボディに白のライン。近鉄ホームページに掲載されていた鮮魚列車に間違いない。

「抜かれた！」

愕然とした。うっかり下りの区間快速急行に乗ったばかりに、取り返しのつかないことになった。

鮮魚列車が行ってしまったということより、せっかく電話までくれた晃さんの親切を無にしたことに、心が痛んだ。布施駅に私がいないのを見て、きっとがっかりされるだろう。やはりその程度だったかと、失望されるに違いない。

電車はむなしく走り続けている。

どのあたりだったかわからない。駅をひとつ通過した。

ドアの窓にはりついて、目を凝らした。赤い電車が通過待ちで停車している。今度ははっきり、正面に「鮮魚」の文字が見えた。「抜き返した！」

布施駅までは、あと少しだ。

思いがけない鮮魚列車とのデッドヒートだった。おかげでわかったことがあった。通勤通学ラッシュのこの時間、電車は分刻みで走っている。その網の目のようなダイヤを縫うように、鮮魚列車は運行されているのだ。大都会の大阪でこれを続けていること自体、もはや奇跡に近い。

布施駅に着いた。八時四五分少し前だった。再度抜かれた覚えはないから、ここで待っていれば来るはずだ。ホームにはほとんど人影もない。写真を撮るにはうってつけのロケーションである。

次の到着電車を知らせる案内表示が「貸切」に変わった。

線路の彼方に赤い電車が見えてきた。カメラを構え、近づいてくる電車に向かってシャッターを切り続けた。

ドアが開いた。よし子さんが身を乗り出し、「早く！早く！」と大きく手を振り叫んでいる。キャリーバッグを引っ張りながら、ホームを走った。よし子さんがそのバッグを車内に入れてくれた。

五〜六人の奥さんたちが、座席で談笑している。通路やドアの近くには、発泡スチロールの魚箱や段ボールが積んである。持ち主ごとに置き場所が決まっているようだ。荷物にそれぞれの名前が書かれている。

「減ってしまって、今これだけや。昔は人がたくさんおってな、座ってても隣の人と足がくっついて、まだ若かったし、いややったわ」。よし子さんが言う。

一時は諦めかけたのに、思いもよらない展開になった。まさか乗せてもらえるとまでは、

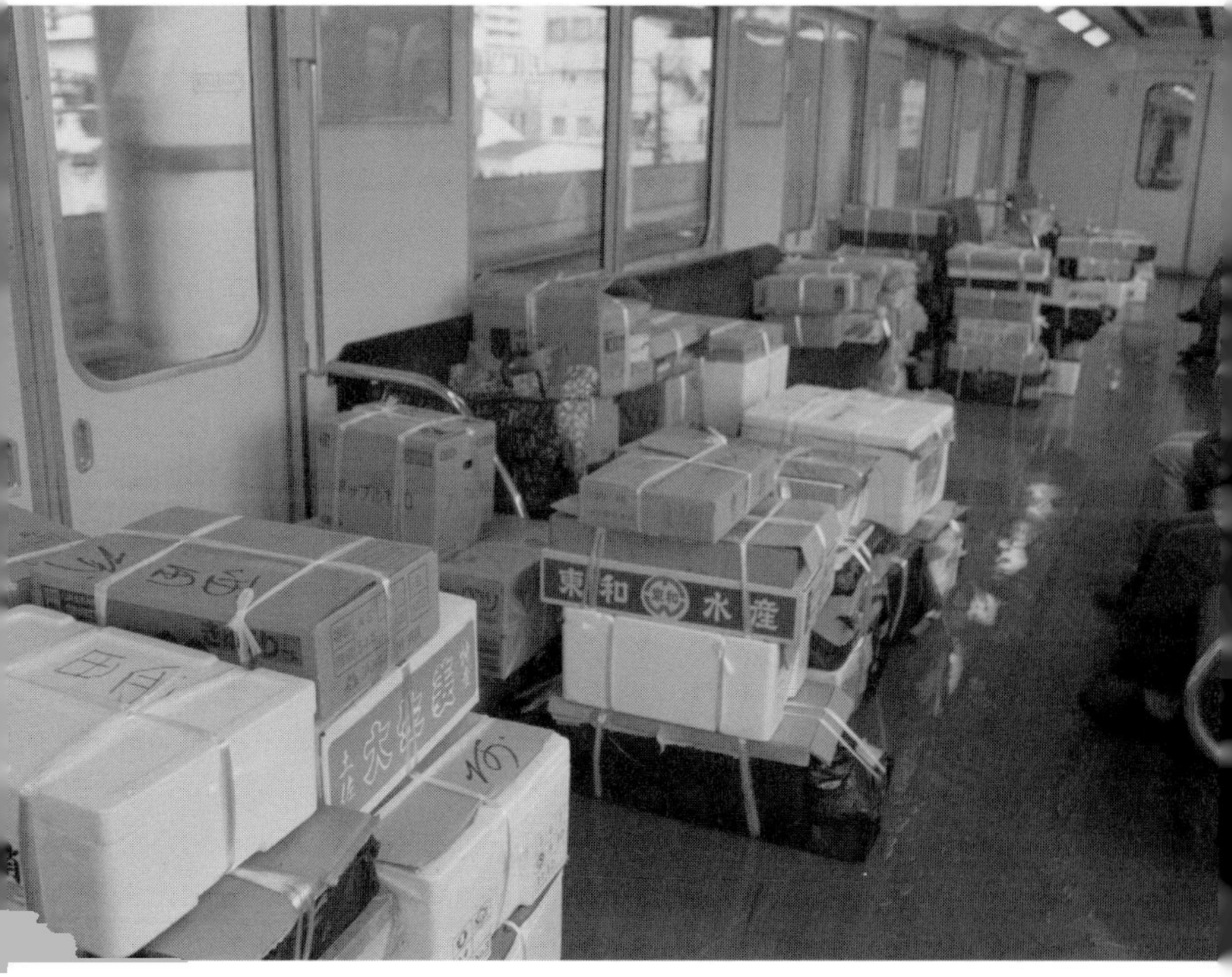

鮮魚列車内に積まれた荷物
（平成22年9月）

まったく思っていなかったのだ。「ご主人は？」と聞くと、軽トラックを大阪市内に預けてあり、先に行って上本町に車を回し、待っているのだという。

終点の大阪上本町駅まですぐだった。

よし子さんたちは話をやめ、立ちあがると、電車の窓を開け始めた。ホームには、ご主人たちが台車を持って待機している。

ドアが開いた。

全部で三両、それぞれのドアからも窓からも、魚箱と段ボールが次々と運び出されていく。ものすごい勢いだ。

一分もしないうちに荷降ろしを終え、みな一列になってトラックヤードの方へ台車を押していく。走らないと追いつかないほど速い。

エンジン音が響き、荷を積み終えたトラックが次々と発車する。あまりの迫力に唖然としていると、「志乃さん！」と声がした。今、まさに出ていこうとする車の助手席で、よし子さんが手を振っている。「帰り、気ぃつけてな！」

がらんとしたトラックヤードをあとに、誰もいないホームに戻った。「回送」と表示を変えた赤い電車が、来た方へと去っていくところだった。これから車庫で清掃して、夕方またここから行商人を乗せて帰る。思えば鮮魚列車も、忠実な働き者だ。

改札を出ると、都会の喧騒に包まれた。朝五時からほんの四時間のことなのに、長い旅から帰ったような不思議な気持ちがした。

大阪上本町駅での荷降ろし
（撮影者：国立歴史民俗博物館　勝田徹、平成 23 年 8 月）

この朝の体験以来、それまで幻影だった行商人の姿が、現実に生きてある人たちとして身近に感じられるようになった。と同時に、知りたいと思うことが次々湧いてきた。

まずは、いつごろから近鉄電車を使った行商が始まったのか、ということだ。

晃さんに聞いたとき、「生きていれば、九十歳くらいの人たちが最初やな」という答えが返ってきた。晃さん夫婦はちょうど還暦の前後だから、まさに親の代ということになる。ともかくも、戦後であるということに間違いはなさそうだ。

近鉄の広報や資料室、かつて松阪駅の駅長さんだった方などを訪ね、いろいろと資料を集めた。そうすると、おおよそのことが見えてきた。

伊勢志摩魚行商組合連合会

鮮魚列車は、「貸切車両」というカテゴリーで運行されている。誰の貸切なのかといえば、それは「伊勢志摩魚行商組合連合会」という団体の貸切である。だから当然のこと、一般の乗客が乗ることはできない。

というよりも、一般の乗客と行商人を切り離すために仕立てられた列車なのである。

近鉄の資料によれば、鮮魚列車の運行が始まったのは、昭和三十八年九月二十一日。ちょうど右肩上がりに乗客数が伸びていた時代である。それ以前から、列車を使った行商そのものはすでに行われていた。年々混雑を増す電車内で、一般客から魚の臭いや汚れに対して苦情が出たことで、貸切の専用電車運行となったようだ。

それに先立つ同年二月一日、伊勢志摩魚行商組合連合会は結成された。厳密にはこの日結成されたかどうか定かではない。ただし、会の規約が最初に作成された日付なので、そう判断してもよいかと思う。

結成当初の規約は現存していないのだが、昭和五十二年に改正された規約をみると、その目的の第一は、「会員相互の親睦を図り、共に電車の輸送を円滑ならしむるため」とある。つまりは、近鉄電車を利用するにあたって組合が結成されたことがわかる。そしてこの目的達成のため、「一般乗客への迷惑防止」や「車内秩序保持」、「乗車位置の指定」、「乗降の迅速」などを厳守するよう定めている。

昭和五十二年当時の年会費は四〇〇〇円（平成二十二年現在は六〇〇〇円）、入会金は三万円であった。近鉄から承認を受けた会員証が交付され、六か月ごとに、半年分の会費納入に合わせて更新されるしくみになっている。電車に乗るときは、この会員証を定期券といっしょに携帯しなければならない。定期券は一般の通勤定期券である。このほか、荷物があるので、定期手回り品切符が必要になる。これは組合でまとめて一括購入することになっていて、平成二十二年現在で一か月三二五〇円。荷物が多いと、倍額になる。こうしてみると、定期券代を含めた一か月の経費は、最低でも三万三〇〇〇円ほどになる。

規約には、近鉄と組合との協定事項も記載されている。

まず、往復とも指定の電車に乗ること。これは、鮮魚列車と、往路の場合は一番組が乗る始発電車、それに接続する電車も含まれる。

それから、容器は必ずカンを使用すること、とある。

この容器に関しては、組合設立当初の「確認事項」として、詳細な記録が残されていた。それによると、「ブリキ製缶で容積0・047立方メートル以内のものおよび、0・022立方メートル以内もの各1個」となっている。

晃さんの家に保管されていたカンは、縦四七センチ×横三二センチ×高さ五七センチ。容積でいうと、〇・〇八六立法メートルと、倍近い大きさである。現在一番組の人たちが使っているカンもだいたい同じだ。とすると、当初使われていたカンは、現在の半分の大きさと、さらにその半分の大きさということになる。

カンを使う理由は明確だ。規約に、「車内シートを汚損しないこと」、「車内で汚水の漏れない様注意すること」とあって、つまりは車内や構内を魚の汁で汚さないために、ブリキカンが容器として指定されていた。現在ではこれにかわる発泡スチロール箱が一般に普及しているので、鮮魚列車を利用する人たちの中にカンを使っている人はいない。次第に荷物の量が増えて、カンではおさまりきらなくなったということもあるようだ。

ところで、伊勢方面と大阪を結ぶ直通電車が開通したのは、近鉄の前身である大阪電気軌道と参宮急行電鉄との連絡で、上本町─宇治山田間が全通となった昭和六年にさかのぼる。参宮急行電鉄はその後、昭和十六年に大阪電気軌道と合併して、関西急行鉄道と改称。さらに、大阪鉄道、南海鉄道と合併し、昭和十九年に近畿日本鉄道となった。

参宮急行電鉄の旧称が示すとおり、戦前から伊勢神宮への参拝団で賑わっていたこの路線は、戦後復興とともに、伊勢志摩地域が新しい保養地として注目されるにつれ、観光開発にも一役買うことになる。

昭和二十三年、上本町―宇治山田間で特急の運転が開始。当時の所要時間は二時間四〇分だったが、高度経済成長期の昭和三十一年には、一時間五四分にまで短縮している。昭和三十三年には、電車では世界初となる二階建て特急電車「ビスタカー」の運転も始まり、まさに近鉄の看板路線のひとつとして躍進を続けていた。

その路線に、昭和三十八年、鮮魚列車は登場したのである。列車の運行は、経済的な裏付けがなければ成り立たない。観光がひとつの産業なら、魚の行商も、当時としては列車一台を動かすだけの経済的な力があったということだろう。

ちなみに、同じころ、伊勢志摩魚行商組合連合会以外にも、近鉄線を利用している人たちの組合があった。

藤田綾子『大阪「鶴橋」物語――ごった煮商店街の戦後史』によると、近鉄大阪線の名張駅以西の小売業者・飲食業者・仲卸業者らによる「近鉄沿線魚類仕入組合」という団体があり、最盛期にはなんと一三〇〇人を越える組合員を抱えていたという。組合成立はこちらのほうが早く、この人たちのための「鮮魚指定列車」も、列車一台ではなく一両か二両を普通列車に連結するかたちで運行されていた。

利用者は、鶴橋市場に仕入れにやって来る奈良県下の買い出し人が多かったようだ。戦前までは鮮魚が手に入りにくい土地柄だった奈良の人たちにとって、戦後のヤミ市を発端とする鶴橋市場の登場は、画期的なできごとだった。その鶴橋市場の特徴は、大阪市中央卸売市場から仕入れた水産物のほかに、「担ぎの魚」とよばれる産地直送の鮮魚が並んでいたことにある。そしてその「担ぎの魚」とは、伊勢志摩方面から行商人が運んでくる魚だった。

同書によると、「担ぎの魚」は新鮮かつ種類が豊富で、買い出し人の間でも人気が高かった。そのため、品物が持ち込まれると、奪うようにして取り分けられていったという。こうしてみると、昭和三十年代の近鉄線は、大阪市内を中心に、上りも下りも、魚を運ぶ人たちでいっぱいだったことがわかる。

鮮魚列車に話を戻そう。

これにもいくつかの変遷がある。運行開始当初は二両編成で、冷房設備はあるものの（暖房は荷物が魚なので設置されていない）、荷物電車や一般営業車両を混用していた。平成元年に、トイレ付きに改造した三両編成となった（それまではトイレがなかった！）。真紅の車体に白のラインはこの二代目鮮魚列車からの定番で、ボディ全体に入っていた白線が、現在の三代目鮮魚列車では、前後の正面に入れられ、「鮮魚」の方向幕とともにトレードマークになっている。

現在、鮮魚列車は日曜日と祝日を除く毎日、一往復運行されている。朝は五時五〇分に明星車庫（三重県多気郡明和町）を出車、いったん下り方向に回送後、宇治山田を六時〇九分に出発する。伊勢市（明星車庫から宇治山田までの回送中に停車）・松阪・伊勢中川・榊原温泉口・伊賀神《いがかん》戸《べ》・桔梗が丘・名張・榛原《はいばら》・桜井・大和八木・大和高田・布施・鶴橋などの駅に停車して、八時五七分に大阪上本町に到着する。夕方は、一七時一五分に大阪上本町を出発、いくつかの停車駅を経て、松阪に一九時三三分に到着、明星車庫に電車が戻るのは一九時四七分となっている。

松阪—大阪上本町間は、約二時間半。往復五時間の通勤である。まだ暗いうちに起きて仕入れをし、一二〇キロの道のりを移動して休む間もなく働き、そしてまたすっかり暗くなったころに帰ってくる。晃さんとよし子さんは、親の代からこれを何十年と続けているのだ。脱帽というしかない。

「伊勢屋」ネットワーク

店を二度目に訪ねたとき、よし子さんが組合の会員証を見せてくれた。そこに「猟師支部」と書かれているのを見つけ、わけを聞いた。「漁師」を「猟師」と書くのは古い書き物などでよくみかけるが、ずいぶん古風な書き方をしているな、と不思議に思ったのだ。要するに、「猟師支部」を「漁師さんのグループ」と解したのである。

ところがこれは私のお粗末な勘違いで、「猟師」は単純に地名であった。松阪市北部の伊勢湾沿岸に猟師町《りょうしちょう》というところがあり、その周辺に住んでいる行商人がこの支部に属しているの

鮮魚
2782

近鉄の鮮魚列車（鶴橋駅にて、平成26年5月）
2代目鮮魚列車の老朽化により、平成13年11月19日から登場した3代目鮮魚列車。真紅の車体と正面の白帯がトレードマーク。

だという。

伊勢志摩魚行商組合連合会が「連合会」であるのは、ここに理由がある。地域ごとに六つの支部があり、それをすべてあわせたものが連合会なのである。

支部は、猟師支部・香良洲《からす》支部・松ヶ崎支部・村松支部・有滝支部・鳥羽支部に分かれている。いずれも伊勢湾に面した漁村地域だ。行政区分でいえば、猟師と松ヶ崎は松阪市、香良洲は津市、村松と有滝は伊勢市、鳥羽は鳥羽市になる。

組合の資料を参考に、平成十二年と平成二十一年の支部ごとの会員数を上の表に示した。平成になったばかりのころには三〇〇人ほどの会員がいたというが、次第に数が減り、ここ十年ほどでさらに半減している。

人数を見てまず気付くのは、猟師支部の圧倒的な多さだ。この傾向は、少なくとも晃さんたちの記憶の範囲では変わっていないという。おおよそ、猟師支部を一〇とすると、香良洲が三、他がそれぞれ一という割合でずっと推移してきた。

それぞれの会員が、どの駅から乗車してどこで降りるのか、平成十二年の組合資料から分析してみた。それを表したのが、五〇ページの図である。会員が利用する路線と駅

支部別の会員数（人数）

支　部	平成12年	平成21年
猟　師	180	96
香良洲	27	15
松ヶ崎	7	1
村　松	13	1
有　滝	8	1
鳥　羽	4	1
合　計	239	115

注記　伊勢志摩魚行商組合連合会の資料より作成。

を地図上に示し、このうち大阪線について、会員の乗車区間と人数を分析した。

最盛期より若干数は減ってはいるものの、この当時でまだ二三九人の会員数があった。図の路線をみると、伊勢志摩地方の各駅を発して、大阪方面へと直進する他に、数はさほど多くはないが、大和八木で乗り換えて奈良方面へと足を運ぶ人、さらに京都線を乗り継いで京都まで行く人など、かなりの広がりを持っていたことがわかる。

このうち、近鉄郡山や田原本《たわらもと》など、奈良盆地の町場や農村地域を行先としていた人たちは、得意先を一軒ずつまわる商売の方法をとっていて、これを「小売り」とよんでいた。およそ十年たった平成二十二年には、この方面で小売りを続けている人はいなくなっている。

行商人の大半は、上本町（大阪上本町と駅名を変更したのは平成二十年）や鶴橋など、大阪の中心部が行先だ。この人たちの中には、露店で商売をしている人もいるが、多くは晃さんたちのように、大阪の商店街に店を構えている。夫婦や親子で会員になり、まさに一家をあげて行商で生計を立てているので、鮮魚列車に乗せる荷も多い。そこでみな、到着駅に自家用車を回しておいて、そこから店まで運ぶという方法をとっている。

自家用車は到着駅の周辺に預けてあるようだ。それならいっそのこと、自宅から自動車でそのまま運んでしまってもよいのでは？と思い、聞いてみると、コスト、体力（電車内で寝ることができる）、事故の危険といったことを総合すると、やはり電車利用がもっとも理にかなっているのだそうだ。とはいえ、すでに全行程を自家用車での移動に切り替えた人もいて、そういう人は当然ながら組合から脱退している。ただし、電車でも二時間以上かかる道のりである。実

近鉄沿線における行商人の利用駅、
および大阪線の行商人の乗車区間と人数（平成 12 年度）

	上本町	鶴橋	河内国分	大和高田	大和八木	桜井	長谷寺	榛原	伊賀神戸	伊賀上津	伊勢中川	松ケ崎	松阪	明野	伊勢市	鳥羽	駅名
人数	150.5	149.4	132.3	120.5	115.7	110.7	104.8	100.3	75.0	69.9	41.5	35.8	33.1	19.1	13.8	0.0	キロ数
225／225	0／164	0／44	0／3	0／1	0／6	0／2	0／1	0／2	0／1	0／1	27／0	2／0	177／0	2／0	14／0	3／0	乗り／降り

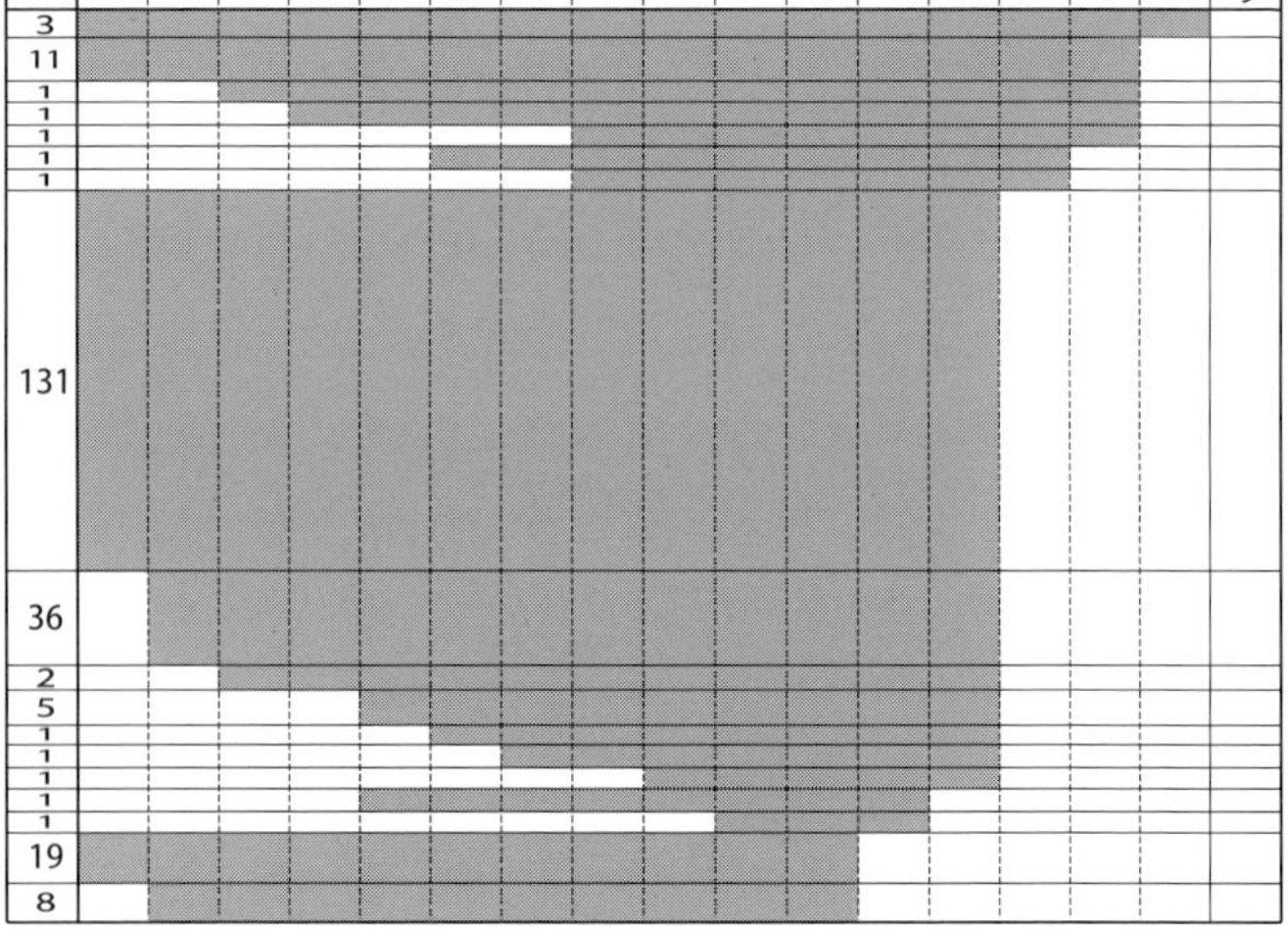

注記１　伊勢志摩魚行商組合連合会の平成 12 年度資料から作成。駅名は平成 12 年現在。
注記２　このほかにも、近鉄の奈良線・京都線などに乗り換えて、学園前・生駒・近鉄郡山・田原本・古市・大久保・桃山御陵前・新祝園・京都などを行き先とする人も数人存在する。

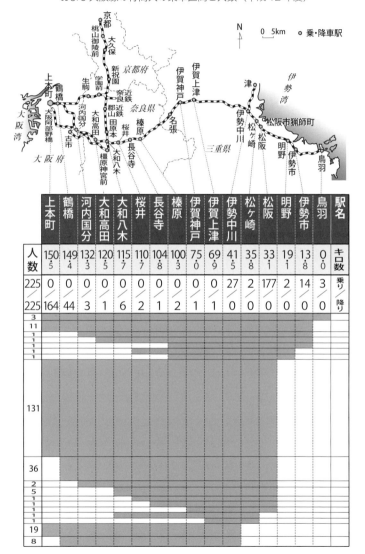

際に交通事故に遭った人は少なくなく、リスクは大きいという。

ここで、地図の下に示した棒グラフ状の図を見ていただきたい。これは、会員が利用する路線のうち、奈良方面へ乗り換える人を除き、大阪線を使う人たちが、どこで乗車し、どこで降車するかを集計したものである。

見てわかるとおり、会員の乗車駅で他を圧倒しているのは松阪駅。降車駅でやはり圧倒的なのは上本町駅。会員の中の大多数である猟師支部の人たちが、松阪から上本町まで通っている、という実態が見えてくる。もちろん、最終的な行先は、それぞれの店がある商店街だから、上本町から枝葉のように分かれるのだが、大阪の中心部であることに変わりはない。

晃さんたちの店は「伊勢屋」という。なんと、この猟師町から大阪に店を構える行商人たちは、みな「伊勢屋」だというのだ。しかも、どこに店を出すかはそれぞれの自由なのだが、「半径一キロ以内には出店しない」というのが、互いの不文律として堅守されてきたのだという。

これにはいささか驚いてしまった。平成十二年当時の猟師支部会員数は一八〇人。だいたいが夫婦や親子で会員登録しているので、店数をおよそ九〇とすると、大阪に九〇もの「伊勢屋」があったということになる。

「江戸に多きものは、火事、喧嘩、伊勢屋、稲荷に犬の糞」。江戸時代中期に流行した雑俳の一種、「ものは付け」という言葉遊びの文言である。

現代の大阪に広がる鮮魚店「伊勢屋」のネットワーク。その話を聞いて、とっさに思い出したのが、江戸の町に根を張っていた「伊勢屋」ネットワークだった。

新興の大都市となった江戸には、全国各地から商人が集まった。嶋田謙次『伊勢商人』によると、その中でも群を抜いて多かったのが伊勢国出身者で、江戸時代後期の商人約一万八〇〇〇人が名乗った二〇五八の屋号を分析すると、一位を占めるのは「伊勢屋」が六〇一人と、二位の「越後屋」三七七人を大きく引き離している。「伊勢屋」の職種の多くは、江戸の場合、札差か米屋だった。ここから財を貯え、豪商として名を成した人もいる。そうした伊勢商人の出世頭たちは、丹生《にう》・射和《いざわ》・中万《ちゅうま》、そして松阪と、中勢地域の出身者が多かったともいう。

商店街の魚屋と江戸の豪商を対比するには、いささか無理がある。けれども、大都市に果敢に進出し、「伊勢屋」を名乗ってその地に根付こうとする、その気概や行動力には、どこか相通じるものがあるように思えてならない。

現代版伊勢商人ともいえる大阪の「伊勢屋」。それを多数輩出してきた松阪市猟師町というところは、いったいどういうところなのだろう。

聞けば聞くほど、新たな興味が湧いてくるのだった。

第2章 カンカン部隊の登場

戦前からある車両2227形2242を使用した鮮魚列車
（鶴橋駅にて、昭和41年、小林庄三氏撮影、
近鉄グループホールディングス株式会社提供）

アサリ漁の村

平成二十二年十一月末の土曜日の午後、松阪駅の北口に初めて降り立った。

もちろん、松阪には以前も来ている。ただし、改札の出入りはＪＲ側の南口、旧来の市街地が広がる方だったので、近鉄側の改札である北口は、これが初めてなのだ。

「駅裏」と晃さんたちがよぶだけあって、南口に比べると、どことなく閑散としている。バス停で、時間を確かめた。一時間以上待たなければならない。仕方ない。客待ちのタクシーに乗り込んだ。

「松阪港、お願いします。ターミナルがあるところです」

松阪港からセントレア（中部国際空港）に行く高速船があると聞いていた。別に、それに乗るというわけではない。せっかくだから、乗り場くらいは見ておこうと思っただけである。

あの行商人密着の朝から二か月半、思いのほか早く、晃さんたちが住む松阪市猟師町に行く機会が巡ってきた。国立歴史民俗博物館への展示の話が進み、カンをもらい受けることになったのだ。

当初は、大阪の店での受け渡しを考えていた。ところが、カンは大きく、また数も複数あるので、結局のところ鮮魚列車に載せて大阪まで運んでくるのは難しいということになった。私としては、すでに「猟師町」という地名の響きにただならぬ魅力を感じていたので、願ったりかなったりであった。晃さんたちには申し訳ないが、貴重な休日の日曜日に時間を割いてもらうことで話がついた。そのカン受け渡しを明日に控え、一日早く、下見を兼ねて来たのである。

タクシーを降りた。高速船の発着までずいぶん時間があるらしく、港のターミナルには人影もない。地図を広げた。見た限りでは、猟師町はここからさほど遠くないはずだ。

高曇りの空と同じ色をした、波のない、湖のような海が広がっている。堤防に沿って、埋立地特有の殺風景な道が続く。

歩きだしてみると、つくづく平坦な土地であることがわかる。湾になった河口の対岸には、低い堤防に囲まれた家々が小さく見える。高い建物はひとつもなく、薄墨で描いたような山が遠くに影をなしている。その景色がなかなか近づいてこない。

三〇分は歩いただろうか。堤防沿いの道から、ようやく家並みがはっきりと見えてきた。その家並みと海の間に、けっこうな広さで、とうに稲刈りの終わった水田が拓けている。干拓地のようだ。ターミナルのあたりから続いていた無機的な空気が急に人くさくなって、ほっと息をついた。

家と家とが近接して並ぶ、いかにも漁師まちらしい風情である。その一角に貝の加工場があり、女の人が数人、中で立ち働いている。それを横目で見ながら、まっすぐ猟師漁港に足を運んだ。

船溜まりに、小さな漁船が数十艘繋がれている。船の中には、長い柄の先に大型の熊手のようなシャベルがついた金属製の道具が立てかけてある。貝をとるジョレンだ。

この日の操業はすでに終わったとみえて、港にも、船にも、人影はない。船溜まりをぐるっと回り、人家が密集する方へと下る坂の上まで来たところで、掲示板があることに気がついた。それは、その日の出漁時間と入札時間を書くための黒板であった。隣に翌月の予定表が貼ってあり、干潮時間にあわせた出漁時間と入札時間、潮位、そして休漁日のカレンダーがワープロ打ちされている。どうやら採貝は、ここ猟師町での主要産業のようである。

「猟師」という地名は、すでに戦国時代から存在したことがわかっている。明治前期に書かれた『伊勢国飯高郡猟師村地誌』によると、もともと「平尾」とよばれていた地域であったものが、人家が増えるに従い、農を中心とするところを「大平尾」、伊勢街道に沿った町並みのあるところを「町平尾」、漁業従事者が集住するところを「猟師平尾」としたという。また、慶長年間（一五九六～一六一五）のころに、町平尾に住んでいた漁民が地先海面に向かって新田開発をし、これを「猟師村」と称するようになったという言い伝えもある。それがため、猟師村に戸籍を置きながら、家屋や所属する寺社などが町平尾村にあるという家もあったようだ（『松阪市史　第九巻　史料篇　地誌二』）。実際に、伊勢志摩魚行商組合連合会の猟師支部には、猟師町に住む人と町平尾町に住む人とが混在している。

明治中ごろの統計によると、猟師村の人口は八九九人、戸数は一四四戸。一戸あたりが所有する田は約一反、畑も〇・六反ほどと少ない。さきほど紹介した『猟師村地誌』にも、「民業として、「男ハ漁業七分、商業二分、農業壱分、概ネ此分合ニ居ケルト雖ドモ、或ハ相互ニ兼業スルモノアリ。女ハ漁業半ニ位シ、其他ハ皆農ニ従事シ、傍ラ紡織ヲ業トス」とあり、漁業

猟師漁港
（撮影者：国立歴史民俗博物館　勝田徹、平成 23 年 7 月）

を主軸に生計を立ててきた村だったことがわかる。

その漁業の変遷も、『松阪市史』に記載がある。

明治三十年代、各地で漁業組合が整備されるなかで作られた「旧慣による漁業許可申請書」について言及されていて、猟師漁業組合のものには、次のとおり書かれていたとある。

鰯船曳網、繰網、鰺曳網、コナゴ船曳網、鰡刺網、鰯枡網、鰕曳網、平目刺網、鯒建網、藻建網、小地曳網、しらす曳網、沙魚桁曳網、魣簀引網、つぶこ桁網、建干網、鰻筒、海鼠、蛤、浅蜊、牡蠣、マテ、オゴノリ、鵜縄、蝦搔、シシビ、投網、バカ貝、蜆、シビ、辛螺、灰貝、つべた貝、きしゃご、海苔、しま藻、青苔（『松阪市史　第十巻　史料篇　民俗』）

イワシ、アジ、ボラ、ヒラメ、コチ、エビ、ハゼ、カマス、シラス、ウナギ、ナマコ、ハマグリ、アサリ、カキ、マテガイ、シジミ、バカガイ、ニシ（巻貝）、バイガイ、ツメタガイ、ノリ、藻……。ここに挙げられているものだけとってみても、実にさまざまである。大型の魚種はないものの、伊勢湾の沿岸地域という地理的な特徴が、これらの産物によく現れている。

伊勢湾は、愛知県の知多半島と三重県の志摩半島に囲まれた、大きな入り海である。とくに、西岸の津から伊勢のあたりまでは、湾の中にさらに小さな湾がくぼみを作っていて、そこに幾筋もの川が流れこんでいる。こうした河口域は、概して波もなく穏やかで、海底には藻が生い茂ったり、砂地の干潟があったり、魚や貝が産卵したり生息したりするのに適した環境である場合が多い。猟師町で古くから行われてきたさまざまな漁法は、多種多様な魚介類を育むこの海域ならではのものなのだ。

内湾の河口域は、一方で、開発による急激な変化にさらされやすいという面もある。思えばかつて、東京湾も、大阪湾も、豊かな海の幸に恵まれた好漁場だった。そしてこうした沿岸の漁場の多くは、大都市の発展とひきかえに姿を消していったのである。

伊勢湾も例外ではない。この地域では、昭和二十八年と三十四年に台風の直撃を受け、甚大な被害を生じた。それをきっかけに、沿岸の埋め立てや堤防の建設が進み、高度経済成長期という時代背景もあいまって、湾奥の名古屋を中心とした巨大な工業地帯に発展した。

工業化による内湾の環境変化は、当然ながら漁業にも影響を及ぼした。さきほど引用した『松阪市史』には、これが書かれた昭和五十六年当時、猟師町で行われていた漁業が記されているのだが、地引網や揚繰網《あぐりあみ》などの漁法はすでになく、小型定置網と刺網《さしあみ》、延縄《はえなわ》といった漁法に集約されている。ただし、年間を通じて、アサリ漁と海苔養殖は盛んであった。海苔養殖の開始は、明治四十四年にまでさかのぼるという。地元の漁師数名が、冬場の漁閑期の収入にと研究を重ね、この地の産業として根付いたようだ。

海の博物館（三重県鳥羽市）編による『伊勢湾は豊かな漁場だった——伊勢湾漁師聞き書き集』には、伊勢湾沿岸の古老が語る漁業の変遷が豊富に掲載されている。そこに記された、猟師漁協の組合員である男性（昭和十一年生まれ）によると、戦後であっても、昭和二十年代から三十年代半ば頃までは、まだ魚がよくとれたのだという。巻網、刺網、延縄、バッチ網などがあり、サワラやアナゴ、ウナギ、ボラ、スズキ、カレイ、カタクチイワシ、チリメンジャコなどをとった。

バッチ網というのは、二艘の船でバッチ（股引）状の網を引き、イワシ、コウナゴ、シラスなど小型の魚群をとる網漁である。一つの網元のもとで働く乗り子は、およそ四〇人。猟師町にはこれが二か統あった。昭和二十八年の台風で一か統が操業できなくなり、残り一か統がそれから四〜五年ほど続けていたが、結局これも立ち行かなくなった。バッチ網の船に乗っていた人たちは新たな生計手段を探さねばならず、その結果として、貝をとることへと移行したという。貝とりは、ジョレン一本あればできる。手っ取り早く現金収入になる仕事をしようと思えば、当時はそれしかなかった。

昭和三十年代のこのころ、まだ出荷や共同販売のシステムは整っていなかったので、とった貝を各自が家に運び、砂を吐かせ、朝まだ暗いうちから自転車で売り歩いた。行商である。

思えば、伊勢志摩魚行商組合連合会の結成と、近鉄の鮮魚列車の運行開始も、昭和三十年代後半だ。この地域で行商が盛んになっていく背景には、どうやら昭和三十年代の伊勢湾の環境変化と、それにともなう漁業の変化があったようである。

行先は十里四方

かつての猟師町での漁業をふりかえると、内湾に寄り来る多種多様な魚介類をとる小規模な沿岸漁業をいくつも組み合わせて、暮らしを成り立たせてきたことがわかる。

こうしたところでは、大がかりな漁業や流通網が発展しにくいかわりに、概して行商のような「小商い」が活発化する傾向にある。個別の家々を売り歩く行商では、全体量は少なくても、品物の種類が豊富であることが求められるからである。

そのことを裏付けるような記述が、やはり『松阪市史』の中にある。

大正から昭和初期のころ、猟師町の町内に魚問屋があり、仲買人が五〇人ほどいた。そうした問屋や仲買から仕入れをして、松阪の市街地に売りに行く行商人が多数いたようだ。

運搬の道具は、ダイカゴという竹籠。直径二尺五寸（約75㎝）の円形で、八寸（約24㎝）くらいの深さがあり、木の蓋がついている。これを天秤棒で担いで運んだという。秤、筆記用具の矢立と帳面のほか、包丁も持って行ったというから、行く先々で魚をさばくこともあったのだろう。

猟師町に隣接する松ヶ崎では、仲買が二軒あり、そこから仕入れた魚を、やはりダイカゴと天秤棒で売り歩いた。行先は、近隣の天白という町場、あるいは松阪市街から南に向かった先にある大河内という農村地域や、そのさらに西の山間部にある宇気郷にまで及んでいる。

松ヶ崎から大河内は約一二キロ、宇気郷までは二〇キロ以上ある。この地域では、行商の範囲を「十里四方」といっていたようだ。十里（約40㎞）といえば、江戸時代の旅人がおおよそ一日に歩く距離である。日帰りの行商なら、徒歩で往復十里が精一杯といったところだろう。松ヶ崎からの行商は、その後、荷車にナガカゴを載せて行くようになり、そこからさらに自転車へと変わったという。まな板と、アラキリ・サシミ・出刃という三種類の包丁を携えて行った。ここの行商人は女性は少なく、ほとんどが男性だった。

行商のほかにも、猟師町では、かつて揚繰網が盛んだった頃にイワシがよくとれて、船の上で箱単位で売る「浜売り」という商売もあった。やはり大正から昭和初期にかけてのことで、残った魚を買って熱田（名古屋市）に卸す専用の船まで来ていたという。あるいは、仲買の商品を津の市場まで自転車で運ぶハリモンという仕事もあったようだ。これは若い男性の仕事であった。

こうしてみると、沿岸の網漁にしろ、行商にしろ、全体として規模は決して大きくはないが、小さな商売それぞれがさらに小さな商売を派生させ、網目のようなネットワークを作っていたことを感じさせる。

しかし、そのネットワークは、戦時中の統制経済の始まりとともに姿を消していく。

昭和十二年七月に日中戦争が勃発。九月には政府が「輸出入品ニ関スル臨時措置ニ関スル法律」を公布した。翌年四月には国家総動員法が公布、戦時統制経済体制へと全面的に突入する。以後、配給や価格の統制が随時行われるようになるが、それが生鮮魚介類に及ぶのは、昭和十五年九月であった。

いうまでもなく、配給制度のもとでは、購入できる物資の量や購入場所、そして公定価格が定められ、それ以外の方法で売買すると罰せられる。しかし、配給だけでは日常の生活が成り立たず、公的には禁止されているはずの流通経路で、公定価格よりも高値の物資が流通するようになる。これがいわゆるヤミ物資であり、ヤミ物資を扱う市場がヤミ市である。

太平洋戦争に突入し、戦況が深刻となってきた昭和十八年には、消費者が購入する物資のうち、ヤミ物資が二割から五割を占めていたという。終戦間際のころになると、もはや配給制度の維持そのものが困難で、公然とヤミ市が開かれるような状況になっていた（橋本健二・初田香成『盛り場はヤミ市から生まれた』）。

そしてそれは、敗戦とともにさらに顕著となり、各地で次々と自然発生的なヤミ市が現れる。戦後の松阪にも、ヤミ市ができた。しかも、「県下随一」と『伊勢新聞』で報じられるほど、規模の大きなものであった。

松阪駅前から目抜きの大通り一帯にヤミ市があり、県内外から買出し人が殺到したのだという。幸いなことに、松阪は戦禍を免れている。周辺に食料生産地である農山漁村を抱えているだけに、他地域のヤミ市より物資が豊富で、それがため、大勢の買出し人を集めたのである。その賑わいはまるで縁日のようだったと、当時の新聞にはある。

買出し人は、ヤミ市だけでなく、食料生産地にも直接現れた。猟師漁港にも、戦後すぐ、どこからかはわからないが、イワシを買い求める人たちが大勢来ていたという。戦争末期の三年ほどは、漁師が出征して不在だったこともあり、漁がまともに行われなかった。そのためこのほか、魚介類も豊富であった。

水産物の統制は、昭和二十三年五月に、まず高級魚九品目(マダイ・ハナダイ・チダイ・サワラ・スズキ・シラウオ・海産性アミ・エビ類・カニ類)の公定価格が撤廃、同年七月に配給制度が撤廃された。水産物の全面的な配給統制撤廃は、昭和二十五年四月一日である(大阪市水産物卸協同組合編著『水産物流通の変貌と組合の三十年』)。

この統制の撤廃が、ひとつの大きな節目であった。それまで、居ながらにして商売できていたものが、買出し人が来なくなれば、こちらから売りに出るほかない。

戦中戦後、一時期途絶えていた行商の本格的な再開は、水産物の統制が撤廃された昭和二十五年以降であると考えてよい。統制経済の終わりは、復興の始まりでもある。行商人たちの足取りは、そのまま日本の戦後復興の歩みでもあったのだ。

カゴからカンへ

日曜日、カンを引き取る当日になった。

番地を頼りに、晃さんたちの家を訪れると、大小さまざまなカンを庭に並べて待っていてくれた。よく手入れがされていたらしく、長らく使っていなかったにもかかわらず、ほとんど錆もない。

形状は、以前に見た一番組の人たちのものと同じである。こうして間近でじっくり見ると、丁寧に作られた道具であることがよくわかる。

これを作ったのは、地元猟師町に一軒だけある樋屋《とい》である。カンの材料であるブリキを扱うので、ここの職人に頼んで作ってもらった。この人もすでにかなりご高齢で、直接お話をうかがうことはできない。

「最盛期には、一か月に一〇〇個以上作った、ってそう言うとったわ」晃さんが言う。その間は、通常の仕事を休んでこれにかかりきりだったのだそうだ。

「ここ、見てみ」。晃さんがカンの底をひっくり返して見せてくれた。とくに手間がかかっているのは、この底の部分なのである。

水漏れしてはいけないから、入念に溶接されているだけでなく、底の部分の両脇と真ん中に三本の枠がわざわざ取り付けてある。一見、補強のように思えるが、用途はそれだけではない。というのも、中に魚を入れた状態のカンは非常に重く、持ち上げるのに苦労する。枠をつけることでカンにわずかな足ができたことになり、置かれている地面とカンとの間に隙間ができる。ここに手を入れれば、持ち上げる時の助けになるのである。

他にも、水抜きの栓や、錆止めのペンキなど、細部にわたってちょっとした工夫が施されている。金属製のこうした道具は、量産された工業製品のような印象があって、「民具」という言葉には馴染みにくい。けれどもこうして詳細に見てみると、職人の手仕事で一点ずつ作られていて、むしろ「作品」とよぶにふさわしい。その作品を一人で何百個も作ったというのだから、これもまたたいへんな労力である。

魚は、カンの中に直接入れるわけではない。深さ六センチほどの四角いブリキ皿があり、これをゲスという。ゲスに氷を入れ、その上に魚を並べる。カンは、このゲスが七段入るように作られている。売り場では、ゲスのままカンから出して並べる。いわば盤台《ばんだい》を兼ねた道具なのである。

木製のスノコに車輪をつけた道具は、コロという。シンプルだが、重要な役割をもっている。カンを載せる台車で、駅のホームでの移動に使う。これも以前、一番組といっしょに電車に乗ったときに見たのと同じである。

「カンカンを担ぐのは、駅の階段を下りるときや」

晃さんはそう言って、担ぎ方を見せてくれた。大きなカンの上にもうひとつ、小さいカンを載せ、両方のカンについている紐を右肩にかける。肩というより、背中で負う感じだ。左手にコロを持ち、駅の階段を下りる。中身が入れば、一体どれくらいの重さになるのだろう。よし子さんのお母さんは、これを担いで毎朝大阪まで通っていた。それを思うと、ため息がでてくる。

「空になったカンを担いで、商店街の中を走るように帰って行った」

以前、よし子さんから聞いたお母さんのようすが思い出された。行きの荷が重かっただけに、帰りに空になったカンを担ぐときには、その日の荷を売りつくした達成感とともに、気持ちも

カンの底

カンとコロ

カンの担ぎ方（すべて平成22年11月）

ゲス

さび止めを施したカンと水抜きの栓

さぞ軽やかだったことだろう。

美術品を運搬する専門業者の作業の人たちの手で、驚くほど厳重に梱包され、トラックに積み込まれたカンとゲスとコロ一式が千葉県佐倉市の博物館へと旅立ってしまうと、庭が急にがらんとした。

「あれ、今日はなに？」

垣根の向こうで声がした。年配のご夫婦がこちらを見ている。近所に住む、同じく魚行商をなりわいとされる方であった。見慣れぬ来客に怪訝な面持ちである。

「カンカンをな、もらいに来たんや。もう使わんでな」

東京から来た、と挨拶すると、カンという言葉とともに、ご夫婦の表情も和らいだ。やはり懐かしいのだ。

このおふたりは、晃さんたちよりも一回り以上年長である。行商に携わってこられた歴史もそれだけ古い。私は奥さんに、カンをいつから使い始めたか、聞いてみた。

「昭和三十年くらいに大和（奈良県）に行き出したけど、そのときはカゴやった。ヤオヤカゴ。香良洲の人は、もうその時からカンカンやったねえ」

八百屋籠というのは、ちょうど小さい方のカンくらいの大きさで、四角い形をした深さのある籠だった。両脇に取っ手がついていて、そこに紐をかけて肩に負うのである。八百屋とよぶからには、野菜を入れる用途だったらしい。形状だけ聞いていると、どうも一般に御用籠とよばれるものに近いようだ。

香良洲（津市）がカンの先進地だったことも新しい発見だった。

「香良洲の人が最初にカンカン使い始めた、って聞いてる。それを真似て、ここの樋屋に作ってもらったらしいわ」。晃さんが補足してくれた。

私はもう少し、この近所の奥さんから昔の話を聞いてみることにした。

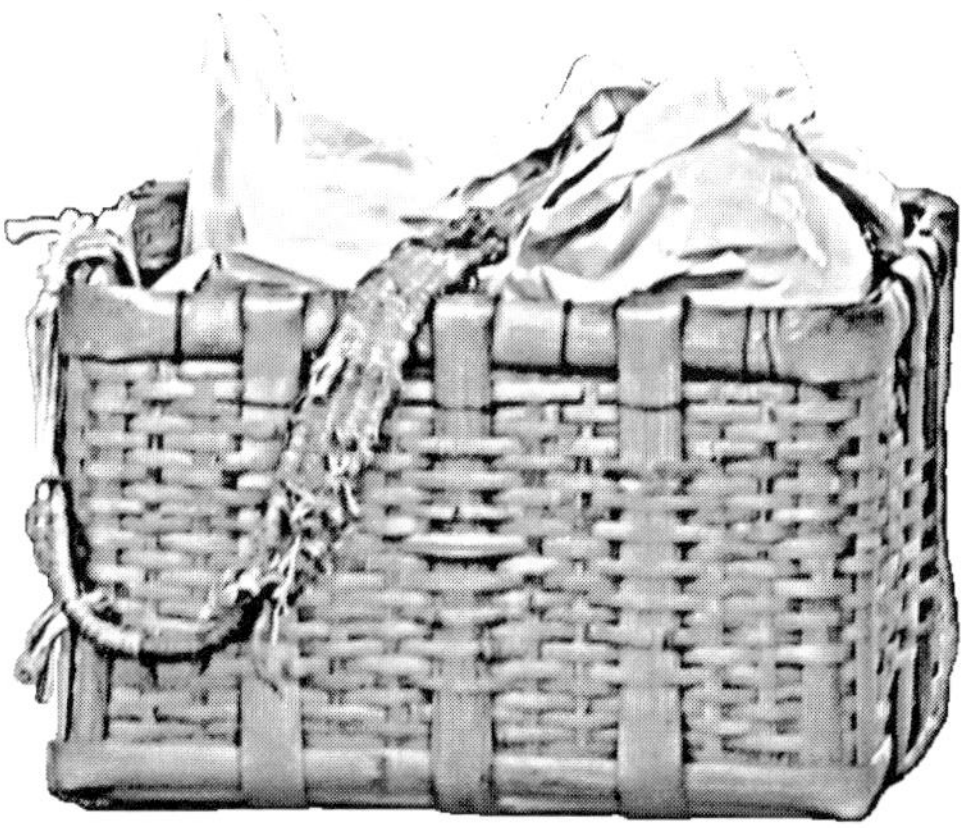

八百屋籠
（平成26年5月）

昭和十一年生まれだというこの奥さんは、地元猟師町の生まれである。親は漁師であった。結婚前の二十歳くらいのときに、親がとったアサリを八百屋籠に入れて、自転車で津まで売りに行った。朝二時ごろに、同じ地区の女の人ばかり五人ほどで連れ立って行く。津に着くのは朝四時くらいだった。このあたりのアサリは、シオヌキアサリといい、港の桟橋で一日海水につけて砂を抜いたあと、塩抜きの処理をして持って行く。そのため、すぐに朝の汁の実にできるというので評判がよかった。

津への行商は一年ほど行った。その後、結婚と前後して、今度は大和方面へと行き始めた。近鉄電車を使うようになるのはこのときからである。

ただし、先述のとおり、当初はカンではなく、八百屋籠を使っていた。籠であるからには、当然ながら水漏れがする。つまりは、氷を使ったり、汁が出やすい生魚を多く持って行ったりということが、この段階では難しい。確かめると、八百屋籠にムシロのようなものを敷いて、アサリのほか、シオサバ、エビ、ワタリガニ、カレイなど、水気がさほど出ないものを持って行ったという。

足がかりは大和

松阪から近鉄の大阪線で大和八木まで行き、橿原《かしはら》線に乗り換えて、田原本で下りる。そこから自転車に荷を積んで売りに行った。奈良盆地の一帯は、戦前から魚が手に入りにくい土地柄であった。そのため、戦後のヤミ市から生まれた鶴橋の市場に、奈良方面からの買出し人が大勢やってきていたことは、前章でも触れたとおりである。魚の需要がそれだけ大きかったのだから、電車を使った行商の足がかりとしては、まさしくうってつけであった。

大和へは、五年ほど通ったようだ。大阪へと足を延ばしたのは、昭和三十五年ごろのこと。そのあたりから、運搬道具もカンへと変わる。行先は、大阪市内の西南に位置する平野区。この商店街で商売を始めた。その後場所を変え、今では大正区に自前で店を構えている。

大阪へ商売に行くことを、「大阪行き」と称するのだという。

「大阪行きは、最初一二人やったらしいわ。鳥羽、香良洲、平尾（猟師）、村松、有滝、みんな合わせて一二人」

「一二人？」

思わず聞き返した。土地の古老の方がそう伝えてきたらしい。一二人から始まって、ほんの何年かの間に、一〇〇人、二〇〇人と増えたのだとしたら、たいへんな勢いである。

「初めのうちは、鮮魚列車はなかったからね。急行やった。それはもう、やかましく言われたわ。なにしろ、電車の中で魚さばいて、アラを窓から放り投げる人もいたそうやから」

なんとも豪快な話である。鮮魚列車というより、これでは走る魚屋だ。今では考えられない話だが、高度経済成長期の只中、日本中のどこもかしこも、生きるエネルギーに満ち満ちていたということだろう。とはいえ、通勤・通学の一般客も混載の電車なのだから、さすがの近鉄も黙っているわけにはいかなかったようだ。それからほどなく、行商人専用の鮮魚列車登場の運びとなるのも納得できる。個人的には、どんなふうに車内で魚をさばいていたのか、ぜひとも見てみたかった気もするのだが。

垣根越しの簡単な立ち話だったが、この地域で列車による行商が始まったころの生き生きとしたようすが浮かび上がってきた。

明日の商売の準備があるから、と立ち去るご夫婦の後姿を見送り、私は「どうぞ」というよし子さんの声に招かれ、家の中に上がらせていただいた。

お茶をいただきながら雑談していると、野球帽を被ったおじいさんが、ふらり、と家に入ってこられた。よし子さんのお父さんだった。顔も手足も、よく日に焼けている。少し上気した血色のよいお顔は、いかにも元漁師さんらしいと思いきや、近くの風呂屋に行ってきたところであった。港がある漁師まちには、風呂屋がつきものだ。お父さんは今でも朝風呂を日課にしているのだという。

お父さんは昭和五年生まれ。奥さんといっしょに、「大阪行き」を始めたころの話を聞いてみた。

露店からのスタート

「漁師やっててな、一日一〇〇〇円儲けとった。弟が、大和に貝売りに行って、一日三〇〇〇円くらい儲けた、ていう。ほんなら、大阪行ったらもっと儲かるか、思うて、貝持って売りに行った。そしたら、三〇〇〇円から五〇〇〇円くらいの儲けになった。サシミ持って行くようになったら、もっと儲かった」

ゆったりした口調で、お父さんは語る。当時のことを思い出してか、なんとなく楽しそうだ。貝というのは、この地域名産のアサリのことである。

漁師という職業は、自分で食べるために魚介類をとるわけではない。その魚介類を売るためにとる。農産物の場合、特別な商品作物以外は自給用を兼ねるものが多いが、海産物は、あくまで交易と流通を前提としているところに特徴がある。だから、漁師はつねに、漁獲物が売りさばかれていく末を考えている。どれだけとれば、どれだけ儲かるのか、いつも頭を働かせているのだ。そのことが、お父さんの話からよくわかる。

お父さんによれば、大和には行かず、いきなり大阪に乗り込んだようだ。弟の儲け話から思い立ったからといって、急にそんなことができるものなのか。

昭和三十五年に漁師をやめて、行商専門になったというから、商売を始めたのはその一〜二年前のことらしい。初めのうちは、奥さん、つまりよし子さんのお母さんがひとりでカンを担ぎ、売りに行った。場所は、現在の店がある西成区の商店街である。

この時代、鮮魚列車はまだ運行されていない。松阪から大阪へ行く近鉄の急行電車に乗り、終点の上本町で市電に乗り換えて、まずは商店街の入り口付近で荷を広げ、露店の商売を始めた。ただし、商店街の中にはすでに鮮魚店がある。そういう店からすれば、入り口に商売敵《がたき》が現れるわけだから、黙ってはいない。

そこを黙ってもらうには、特別な伝手《つて》が必要だった。テキヤとよばれる、露店商の親方の力を借りないことには、商売の第一歩を踏み出すことができないのである。

お父さんの友人が大阪にいて、その友人の知り合いだというテキヤの親方に頼み、西成区の商店街を紹介してもらった。頼むということは、そのテキヤの傘下に入るということを意味する。商売の世話をしてもらったからには、親方に忠義を尽くさなければならない。盆暮れのあいさつや冠婚葬祭はもちろんのこと、なにかと理由をつけては「ずいぶんボラれた」という。持ってきた荷の中から、高価なエビや魚を目の前で持っていかれても、文句ひとつ言えない。テキヤ仲間の旅行にもつきあわされ、賭け事で散財させられたこともある。

こうした経験は、お父さんたちに限ったことではない。「大阪行き」の行商人は多かれ少なかれ同様の目にあっていて、さきほど垣根越しに立ち話した近所のご夫婦もそうだった。テキヤとの関係を良好に維持することは、この商売上、不可欠であった。そして、商売が軌道に乗り、露店から店を構えるまでになったころ、いざそこから抜けるときには、筆舌に尽くしがたい苦労があったという。

よし子さんのご両親は、露店の商売を一年ほど続けた後、同じ商店街の中に店を借りた。そのころに、お父さんが漁師をやめ、夫婦ふたりで本格的に行商に携わるようになった。

当時は、猟師漁港の桟橋で毎朝、市が立っていた。魚の種類は季節によってさまざまで、ボラ、カレイ、タイ、コチ、アジ、キス、イサキ、アサリ、シジミなどを仕入れてカンに入れ、単車で松阪駅まで運ぶ。駅裏（松阪駅北口）には、行商人の仕入れのための露店商人が店を出していて、そこでトンボシビ（ビンナガマグロ）などをさらに追加する。そうやって仕入れた品物を鮮魚列車に積んで、大阪へと出発する。駅の周辺には、行商人の荷運びを手伝うカツギヤという商売もあった。松阪駅にエレベーターが設置されたのは平成十八年。それまでは、階段である。一〇〇組以上の行商人が利用するのだから、荷運びだけでも十分な仕事になった。

「イチのしまいになると、魚が安うなる。鮮魚列車にぎりぎり間に合うくらいまで粘って、それを買って、急いで駅まで行って、走って電車に飛び乗った」

なるべく安く仕入れれば、それだけ儲けも大きくなる。日々の仕入れには、賭けにも似たスリルがあった。おそらくこれは、漁師という職業にも相通ずる感覚なのではないだろうか。

魚は、飛ぶように売れた。露店で商売をしていたころから、行くとお客さんが待ちかねていて、荷を広げるや、競うように買っていった。

一番よく売れた時期は、昭和四十五年の大阪万博のころ。高度経済成長期のピークのあたりだ。店がある商店街のまわりには、とくに靴屋が多かった。小さな町工場で靴の製造をする商売人たちである。昭和五十年代から六十年代あたりまでは靴の注文も多く、とても繁盛していた。そうした靴屋が魚を買いに来るのはもちろんのこと、周辺の一般家庭の人たちや、商店街に店を持っている人たちもまた、魚を買いに来る常連客だった。

当時、商店街のまわりの靴屋は、遅い時間まで営業していた。食事をする間もないほど忙しい店主たちにとくに人気だったのは、買ってすぐ食べることができる刺身だった。刺身は露店で商売を始めた当初から人気で、バケツで水を汲み、その場で造ることもあったほどである。なにしろ、その日の朝に栈橋に上がった魚なのだ。通常の流通ルートとは、少なくとも一日、鮮度に差がある。飛ぶように売れるのも無理はない。

商売の最盛期だったこのころは、乗っていく鮮魚列車も行商人で満員だった。荷物と人がびっしりで、網棚に寝る人もいるほどだった。

「鮮魚列車で寝て行くのが好きやった」とお父さん。

「ちくわ持って、それをつまみに、一杯やりながら行くんやな」。よし子さんが付け加えると、お父さんの頬もゆるむ。

当時、鮮魚列車は日曜も祝日も、休みなしに運転されていた。それに乗っていく行商人にも休みはない。ほとんど寝る時間もないほどの毎日、大阪までの片道二時間半は、ほんのひととき、大切な息抜きの時間だった。

露店から始めて今の店を構えるまで、商店街の中心に向かって三回店を変え、徐々に大きくしていったのは、こうした両親の苦労の積み重ねだと、晃さんもよし子さんも口を揃えて言う。往復五時間の通勤に加え、仕入れ、運搬、販売と、すべてを自分の手でこなすこの商売は、早朝から夜半までの重労働の毎日である。それを五十年以上も続けてきたのだ。

「でもな、漁師やるよりもどれだけ楽かわからん、て、お母さんは言ってた。海に出たら、なにがあるかわからん。危ないし、無事に帰ってくるまで心配やし。それでオカに上がったんや、て、よく言うてたわ」。よし子さんが言う。

昭和 40 年ごろの鶴橋駅の近鉄線ホーム
（近鉄グループホールディングス株式会社提供）

漁師は、海上で常に命の危険にさらされながら仕事をしている。それに比べれば、どれだけきつい仕事であっても、身の安全が保証されているだけましだと、お母さんはそう思っていたようだ。この地域は、女の人であっても船に乗る。お母さん自身も実際に漁に出ていた経験から、その危うさが身にしみてわかっていたのだろう。

思い起こせば、伊勢湾沿岸のこのあたりは、昭和二十八年と昭和三十四年に、台風で大打撃を受けている。災害を機に沿岸の埋め立てが進み、漁業も変化を余儀なくされたことは先述したとおりである。その漁業に従事していた人たち自身もまた、漁師を続けるか、あるいは他の仕事に就くかの転換期にあった。そうした模索の中で現れたのが、行商というなりわいだった。

オカ（陸）に上がる。それは、漁から商へ、なりわいが大きく変わったことを意味している。戦後の社会変化と高度経済成長期。いくつかの要因が重なった結果、猟師町からおびただしい数の行商人が輩出された。そしてそのことは、時代の変化に柔軟に適応しようとする漁師たちの「生き方」の反映でもあったのだ。

第3章 魚アキンドの足跡

倉吉魚市場の近くにて
（昭和 30 年代、倉吉市　米原季雄氏撮影）

鉄道を使った魚行商は、戦後の復興期以降、全国的に盛んになった現象だ。ブリキのカンを担い、集団で列車に乗り込む行商人たちは、各地で「カンカン部隊」「ガンガン部隊」などとよばれて、その地域の風物詩にもなっていた。

そんなカンカン部隊も、元号が昭和から平成へと変わるころにはすっかり姿を見なくなった。かろうじて名残を留めている唯一の路線が、伊勢志摩地方と大阪とを結ぶ近鉄線であり、第1章と続く第2章では、近鉄線を走る鮮魚列車の成り立ちとカンカン部隊の登場の経緯を、当事者の方々からの聞き書きをもとに、可能な限り復元することを試みた。そこからわかったのは、伊勢志摩地方からの戦後の魚行商が、大阪という大都会の存在とそこでの魚の需要に支えられて、一極集中的に発展したことだ。

それでは、他の地方ではどうだったのか。

カンカン部隊が活躍した地方の多くには、大阪のような巨大な求心力をもった都会は存在しない。だから、行商人の足取りも、ところどころにあるマチや、マチの集合体ともいえる都市、あるいは農村部や山間地をめざして、複数の経路をもつことになる。

日本海沿岸を走る山陰本線（以下、山陰線）は、行商人の利用がとりわけ多かったことで知られる地方幹線のひとつだ。かつては、主要な駅ごとに行商人の組合が結成されるほど盛んだった。

この沿線のうち、とくに鳥取県東部から中部にかけての周辺一帯では、行商人のことをアキンドとよぶ。アキンドには、漁村地域から近隣の町場に向けて魚を運ぶ行商人もいれば、県境を越えて活動する半ば専業化した商人もいる。さらには、そうしたアキンド相手に列車内で物を売ることをなりわいとする人もいる。それらすべてがアキンドと総称され、各種アキンドによる広域的かつ重層的なネットワークが形作られていた。

この章では、山陰線の沿線に残されたアキンドたちの足跡をたどりながら、ここに展開したローカルな流通網と、そこを行きかう人々の実像を掘り起こしてみたい。

鳥取駅前マーケット

鳥取駅から歩いて数分、サンロードと名付けられたアーケード街の一角に、かつて太平マーケットという市場があった。

私は鳥取市の生まれだが、ここで育ってはいない。ただし、両親の故郷なので、とりわけ子どものころには、夏休みや冠婚葬祭のたびによく帰省していた。太平マーケットにも行った覚えがあり、階段を下りた先に灯る電球、それに照らされた魚、人込みや喧騒が、おぼろげながら記憶にある。

いつのころからか、飲食店街に様変わりしてしまったが、周辺には今も魚屋やちくわ屋、青果店などが並んでいて、市場があった面影をわずかながら残している。

太平マーケットの前身は、昭和二十五年にできた駅前マーケットである。魚屋や雑貨屋が集まり、戦後のヤミ市を思わせるようなバラック建ての市場だったという。これが昭和四十六年に火災で全焼した。しばらくは焼跡で続けられていたが、その後の土地区画整理事業などによって昭和五十二年に太平ビルが新築され、地下に約五〇店舗が集まって営業開始の運びとなった。太平マーケットができてからも、周辺一帯は駅前マーケットと総称されていたようだ。この太平マーケット前の広場で、かつて朝三時くらいから行商人のための市が立っていたと聞き、足を運んだのは、平成二十三年の七月末だった。

その半年ほど前から、この地域のカンカン部隊のことを知りたいと思い、調べ始めていた。けれども、それは思いのほか難航した。まず、行商人そのものがすでに存在しない。自動車に手段を変えて続けている人もわずかにいるが、取材への警戒からか、接触が難しい。資料館に残された道具から持ち主をたどり、ご子孫を訪ねてもみた。が、当事者が亡くなってもはや三十三回忌というから、復元すら困難であった。「すでに時機を逸したか」という絶望にも近い思いが、行くたびに強まっていた。

夕暮れが近づいていた。太平マーケットがあったビルの隣に、「浜下水産」と看板を掲げた魚屋がまだ店を開けていた。おばあさんがひとり、店番をしている。聞けば、鳥取港に近い賀《か》露《ろ》という漁師まちの人だという。太平マーケットや、そこに集まる行商人のことは知ってはいたが、もとは別のところにあった店を移転したとのことで、あまり詳しいことはご存じないようだ。

「自動車で魚売ってまわりよる人が、朝早くに買いに来るで」

え？と思わず聞き返した。今でも仕入れに来る行商人がいるというのだ。

「息子が朝四時ごろに来るけえ、聞くがええわ」

店主である息子さんが、早朝に仕入れをして店を開けたところへ、毎日ではないが、行商の人が買いに来るのだという。ほんの一筋、たどることができそうな光が見えた気がした。

宿からここまでは歩いて数分である。翌朝、四時になるのも待ちかねて外に出た。街灯に照らされた駅前通りには全くひと気がない。唯一、深夜営業の居酒屋に薄明かりが灯っているのは、ついさっき閉店したばかりなのだろう。

路上にもれる浜下水産の明かりが見えた。長靴姿の長身の男性が、横付けされたトラックから荷物を店に運び入れている。

未明の思いがけない来客に、なにごとかと思われたようだった。が、事情を話すと大きくうなずき、「今日は来んわ」と申し訳なさそうに答えてくれた。仕入れに来る行商人は確かにいるのだが、曜日が決まっていて、この日は来る予定ではないという。

行商人は、さほど大量に品物を必要としない。そこで、大きな卸売市場ではなく、浜下さんのところで必要な品物を必要なだけ仕入れていくのだという。

「昔は、若桜《わかさ》、智頭《ちず》、津山、浜坂、香住《かすみ》あたりから、行商の人が汽車に乗ってようけ仕入れに来とった。ほんの何年か前まで、津山の方から来とった女の人がおった。森岡さんいう人で、たしか加茂の人だったと思う。歳とってやめて、今どうしてるかわからんけど、この人が最後かなあ」

津山といえば、岡山県だ。岡山方面へは、鳥取駅から智頭の山あいを通り、津山へと抜ける

朝４時すぎの浜下水産の店先
（平成 23 年 7 月）

因美線という鉄道がある。それを使って往復していたようだ。駅名に「美作《みまさか》加茂《かも》」とあるから、たぶんここの人だろう。

加茂の森岡さん。このキーワードだけを頼りに、とりあえず行ってみようと思った。夕方には東京に帰る飛行機に乗る予定だが、幸いまだ朝も早い。十分往復できる時間だ。いったん宿に戻り、仕度を整えて駅に向かった。朝七時を少し回ったころだった。

県境を越える道

因美線は、山陰線の鳥取駅から岡山県の東津山駅を結ぶ路線である。大正時代に鳥取―智頭間が軽便鉄道の智頭線（因美北線）として計画され、大正十二（一九二三）年に開通したことに始まる。続いて津山―智頭間が因美南線として昭和七年に竣工、因美線が全通した。津山と岡山は、すでに明治三十一（一八九八）年に中国鉄道によって開通していたので、この因美線全通により、鳥取と岡山とが鉄道によって結ばれた。

鳥取県内には、岡山方面へと延びる路線がもう一本ある。県西部の伯耆《ほうき》大山《だいせん》駅から倉敷駅へと向かう伯備線である。北の鳥取県側と南の岡山県側の両方から敷設工事が進められ、北が大正十五（一九二六）年、南が昭和三年に完成して全通した。

日本海側から中国山地を越えて、瀬戸内海沿岸へと出るこのふたつのルートは、実のところ、鉄道敷設以前から生活上の主要路であった。

少し長くなるが、この地域における交通路の変遷を、ここで概観しておきたい。

鳥取県は、東西に長い直線的な海岸線と、その海岸線に平行するように中国山地の脊梁が走る特徴的な地形をもっている。海岸の一部には広大な砂丘があり、冬場の日本海の悪天候もあいまって、良港が得られにくい条件にある。そのため、物流においても、また人の動きにおいても、海岸線に沿った東西の往来よりむしろ、中国山地を越えて山陽方面へと向かう傾向が古くから顕著だった。

山陰道は、古代の律令制において設置された五畿七道のひとつである。この山陰道に属する諸国と畿内とを結ぶ公道は、日本海沿岸から但馬国の山中を通り、福知山、亀山を経て都へと至るルートである。しかし、但馬国西部には起伏の激しい山々が連なり、積雪期ともなると、これを越える峠道の通行は困難をきわめた。このため、山陰から南下して中国山地を越え、山陽道に出て畿内に入るルートが発達することになったのである。

山陽側は、南向きのなだらかな高原と、そこを流れ下る豊かな河川に恵まれていたことから、水運を利用することも可能であった。実際に、平安期の国司下向の折には、都から山陽道を姫路まで下り、揖保《いぼ》川沿いに遡って、佐用を経て因幡国府に至ったことが記録されている。

この道は、近世には脇往還の因幡街道となり、大名の参勤交代にも利用された。西の伯耆国方面からも、やはり中国山地を越えて出雲街道を東進し、佐用を経て京都へと至る道が利用されていた。

こうした陸路の特徴から、日本海の海運がさほど発達しなかったという指摘が、錦織勤によってなされている。錦織によれば、『延喜式』の物流に関する記事などから見ても、同じ日本海側である北陸沿岸の航路と比べて山陰航路は発達の度合いが低く、中世の「廻船式目」に掲載された代表的な港の中に山陰の港はひとつも出てこないという。また山陰航路が未発達となった理由は、地形や気候といった単純な問題ではなく、むしろ山陽方面への山越えの陸路と河川交通、そして瀬戸内海航路という組み合わせによる運輸網がより便利であったため、山陰海運の発達に注ぎ込む力が減殺されたと考察している（『街道の日本史　三七　鳥取・米子と隠岐――但馬・因幡・伯耆』）。

山陰地方の海運が本格的に整備されるようになるのは、明治初期になってからである。とくに北海道方面への航路が開設された明治九（一八七六）年以降、ニシン〆粕、昆布、棒鱈などが取り引きされ、境港に多くの船舶が出入りするようになった。境港からは、このほかに大阪と、東北や北陸など日本海沿岸地域へも船舶の行き来があり、遠隔地交易の中心となっていた。

明治十一（一八七八）年、郵便汽船三菱会社によって神戸―函館間の定期航路が開かれ、境港はその寄港地となった。境港以外の寄港地は、下関・三保関・舞鶴・敦賀・伏木・新潟・船川で、日本海沿岸各地と結ばれていた。月二回の運航であったが、実際には不定期に近い状況であったようだ。

山陰専門の航路は、明治十七（一八八四）年、大阪商船によって開設された。明治四十五（一九一二）年に山陰線が開通するまでは、この航路が物流の幹線として利用されていた。寄港

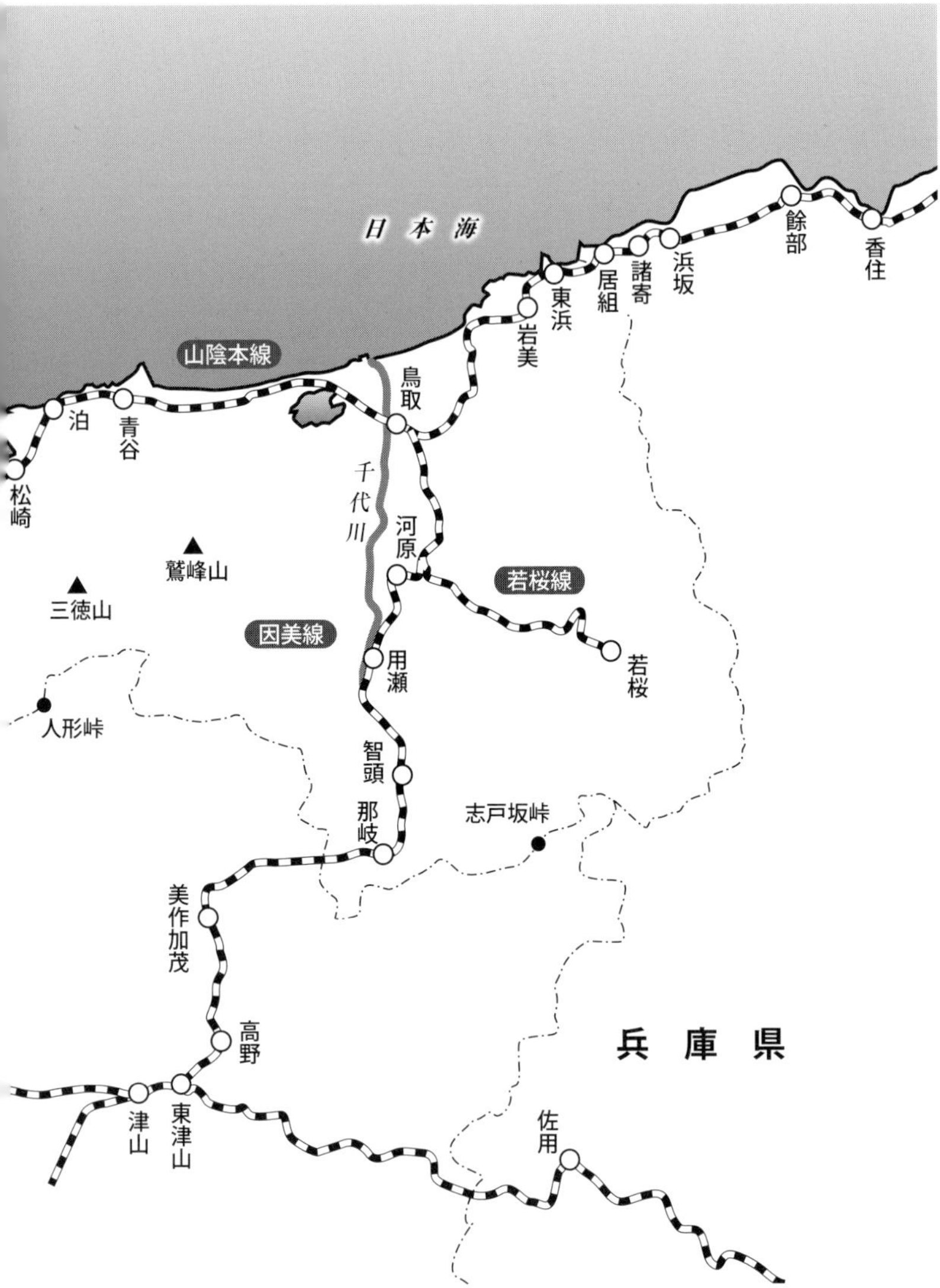
日本海
山陰本線
因美線
若桜線
千代川
松崎
泊
青谷
鳥取
岩美
東浜
居組
諸寄
浜坂
餘部
香住
河原
若桜
用瀬
智頭
那岐
美作加茂
高野
津山
東津山
佐用
鷲峰山
三徳山
人形峠
志戸坂峠
兵庫県

鳥取県周辺の鉄道路線（昭和50年代）

地は、大阪の川口を出てから、神戸・下関・仙崎・萩・須佐・江崎・浜田・温泉津・和江・久手・杵築・境・米子・安来となっていて、後年には馬潟・加露・宮津にまで航路を延ばしている。運航は月に一五船であった（『米子鉄道管理局史』）。

その後、明治三十（一八九七）年開業の阪鶴鉄道が、明治三十七（一九〇四）年に大阪―舞鶴間を全通させたことにより、翌年、これに連絡する舞鶴と境港を結ぶ航路が開設された。この航路に就航した船は「阪鶴丸」といい、山陰から阪神方面に向けて、船と鉄道を乗り継いで行くことが可能になった。明治四十一（一九〇八）年には、利用者の増加にともなって第二阪鶴丸も就航している。

山陰と阪神方面とを直接結ぶ阪鶴鉄道と航路の開設は、低調だった山陰の日本海海運にとっては大きな画期となった。結果、それまで中心だった大阪商船による西廻りの航路は衰退していくことになる。阪鶴丸・第二阪鶴丸は、山陰線開通による航路廃止まで、この地方の幹線として利用されていた。

一方で、明治の終わりごろの陸路については、山陽側の鉄道で津山（岡山県）まで行き、そこから先は人力車に乗り換えて、四十曲峠《しじゅうまがり》を越えて米子に出る道、人形峠を越えて倉吉に出る道、志戸坂峠を越えて鳥取へ出る道と、中国山地を越える峠道が依然として利用されていたことがうかがえる。それぞれの道では峠を越える箇所が嶮路であり、人力車を馬で先引きしなければならないため、その分の料金が加算されたことが、当時の旅程案内等に記されている（『米子鉄道管理局史』）。

明治二十五（一八九二）年六月、鉄道敷設法が公布された。明治五（一八七二）年の鉄道開通以来、官・民両者の手によって鉄道網が広げられ、明治二十二（一八八九）年には東海道線の新橋―神戸間がようやく全通の運びとなった。鉄道敷設法は、将来的に国内の幹線を国有化することを見越して立案され、そこに、今後敷設すべき予定路線が具体的に提示された。

その中に、山陰に関係するものとして、「山陰線　京都府下舞鶴ヨリ兵庫県下豊岡、鳥取県下鳥取、島根県下松江、濱田ヲ経テ山口県下山口近傍ニ至ル鉄道」と「山陰及山陽連絡線　兵庫県下姫路近傍ヨリ鳥取県下鳥取ニ至ル鉄道又ハ岡山県下岡山ヨリ津山ヲ経テ鳥取県下米子及境ニ至ル鉄道若ハ岡山県下倉敷又ハ玉島ヨリ鳥取県下境ニ至ル鉄道」というふたつの路線が示された。とくに後者の山陰山陽連絡線は、一二年以内に敷設を予定する第一期路線に指定されている。おそらくこれは、鳥取や米子から中国山地を越えて山陽方面へと抜ける陸路が古来開かれており、ここに鉄道を敷設することが必要かつ急務と判断されたからだろう。

しかしその後、前者の山陰線敷設予定地域で、この路線を第一期に昇格させようという動きが活発化した。山陰山陽連絡線もその後のコース変更で、姫路・鳥取・米子・境を結ぶ路線が政府原案とされていたため、結果的にはこのコースにさらに変更を加え、福知山（京都府）と出雲今市（島根県、現・出雲市駅）を結ぶ路線として「山陰縦貫線」と名称を変更し、明治三十九（一九〇六）年に改めて第一期の整備線となった（『街道の日本史　三七　鳥取・米子と隠岐――但馬・因幡・伯耆』）。

鉄道の敷設工事そのものは、明治三十三（一九〇〇）年五月、境を基点に実測が開始され、翌月には鉄道作業局米子出張所が設置された。同年十月に、当時の名称である山陰山陽連絡線、姫路―境間の最初の施工区間として境―米子間が起工し、翌年二月には米子以東が起工した。その翌年、明治三十五（一九〇二）年に境―御来屋《みくりや》間が開業、以後東部へと建設が進められ、明治三十八（一九〇五）年五月に青谷《あおや》まで開業した。

その後、先述した「山陰縦貫線」への名称・コースの変更を経て、青谷以東と米子以西それぞれで建設が進められ、最終的には、明治四十四（一九一一）年十二月に鎧《よろい》―久谷《くたに》間の餘部《あまるべ》鉄橋が完成し、翌明治四十五（一九一二）年三月一日、福知山―出雲今市間が全通した。

山陰線の全通は、長らく東西を結ぶ交通路の発達をみなかったこの地域にとって、一大画期となった。ただし、地域内の交通路でみれば、海岸部から中国山地を越えて山陽側に出るという旧来の道が、むしろ生活の道としての機能を多く担っていた。そのため、鉄道敷設計画の当初は、山陰山陽連絡線が優先すべき路線ととらえられていたことは先述したとおりである。

結果として、海岸線に沿った山陰線が優先されたが、その開通後に、山陰山陽連絡線となる鉄道が相次いで開業となる。それが、先述した因美線と伯備線であった。

列車内での卸売

さて、「加茂の森岡さん」である。

軽便鉄道を前身とするからだろうか。因美線の普通列車の車内は心なしか狭く感じられる。トンネルを通過するときなど、ガタガタという強烈な音と振動が、まるでトロッコに乗っているかのようでもある。

ちなみに、この地域の鉄道路線は、山陰線の一部と伯備線を除き、電化されていない。だから、電車ではなく「汽車」である。地元の人たちの会話でも、「汽車の時間」「汽車通学」などというのが普通だ。

鳥取から七時すぎの普通列車に乗車。三両編成の車両は高校生で満員である。その高校生が途中の郡家《こおげ》駅でごっそり降りてしまうと、とたんにガラガラになった。四五分ほどで智頭に到着。かつての因幡街道の宿場町で、林業が盛んだったことでも知られる。ここで津山方面への列車に乗り換える。今度は一両きりの列車だ。同乗者の中に、大きなカメラをぶらさげている人がいる。おそらくローカル線の愛好者なのだろう。しばらく通過待ちで停車したのち、再び四〇分ほど列車に揺られ、九時すぎに美作加茂に着いた。

かつては、鳥取から津山まで直通だった。国鉄の分割民営化でダイヤが変わり、智頭で乗り換えなければならなくなった。なお、現在では智頭から先が二手に分かれる。山陽本線の上郡《かみごおり》駅を結ぶ智頭急行智頭線が、平成六年に開業したからである。鳥取・倉吉と大阪・京都とを結ぶ特急が運行され、京阪神方面との幹線となっている。兵庫県の佐用から姫路を通るこの路線は、かつての因幡街道に沿って計画された。旧来の往還の復活でもある。

無人駅かと思われた美作加茂駅の改札の奥に、女性の姿が見えた。

「この近くに、魚屋をやっておられた森岡さんという方はいますか？」

他に聞きようがないので、こう尋ねたわけだが、女性はさして考え込むでもなく、あっさり答えが返ってきた。

「この前の道をまっすぐ行って、製材所の先の家ですよ」

加茂の森岡さん、という情報だけで、難なくたどりつけてしまった。なだらかな高原のような景色が、峠を越えて山陽側に出たことを実感させる。製材所があるということは、このあたりも林業が盛んなのだろう。

森岡さんの家はすぐみつかった。しかし、お留守であった。隣の家の方に問うと、さきほど出かけたようだが、たぶんすぐ戻ってくるだろう、という。

飛行機のタイムリミットまで、待てるだけ待ってみようと思った。

こういうときに小さなよろずやでもあれば、買い物ついでにいろいろ話も聞けるのだが、駅周辺にはこれといった店もない。見晴らしのよい田園風景の先に、ホームセンターの建物が見える。あまり遠くに行くわけにもいかないので、ひとまずそこを往復して、ぶらぶら歩いてみることにした。高く上った夏の太陽がじりじりと照りつける。同じ日差しでも、湿気の多い山陰側とは幾分違って感じられる。

何回か様子を見に戻ってはぶらぶらすることを繰り返し、一一時近くになったころ、ようやく玄関が開いているのが見えた。

玄関先の土間に男性がひとり立っている。森岡さんの息子さんだった。お母さんを今朝ほど病院に送り届け、帰ってくるのは夕方だという。

お母さんのフジ江さんは、昭和五年生まれ。数年前まで、確かに毎日鳥取まで往復していた。

「うちの母親は、卸専門じゃけえ。鳥取で仕入れて、汽車の中で行商人に売っとった。ここに帰ってきてリヤカーで売ったりもしとったけどな」

行商人への卸売という商売が成り立っていたということは、それだけ行商が盛んだった証でもある。

「話せることがあるかどうか、わからんよ」と言われるのへ、「お会いできるだけでかまいません。必ず、また来ます」と再訪を約束し、連絡先をとりかわして森岡家をあとにした。

その再訪が叶ったのは、三か月後の十月半ばだった。

約束の時間に訪ねると、フジ江さんはきれいにお化粧をして、息子さんが用意してくれたというお茶菓子を前に待っていてくれた。足を悪くして、思うように体が動かせない。今は病院通いの日々だという。

フジ江さんは山口県萩市の越ヶ浜という漁村に生まれた。実家は桶屋をしていた。世話をしてくれる人があって、二十四歳の時に嫁に来た。こちらでは屋根の上に石が乗っているのを見て、実家のあたりとは風情が違うことに驚いたという。

海に囲まれて育ったので、田んぼや畑の仕事はやったことがなかった。嫁ぎ先の家業は林業で、分家ということもあり、田畑は所有していなかった。夫は山仕事に従事していた。

商売を始めたきっかけは、昭和五十年代半ばに現在の家の土地を買い求めた際、土地の持ち主だった女性から勧められたことによる。この女性はフジ江さんよりかなり年長で、魚の行商をしており、「自分の仕事をやってみないか」と持ちかけたのである。当時、夫は山口の方に山仕事に出ていて、子どもの教育のためにも現金収入が必要だった。親たちからも勧められ、自分でもやってみようと思い、仕事を譲り受けることにした。

仕入れ先は、鳥取の駅前マーケットにあった商店だった。フジ江さんに仕事を譲った女性は、徳田商店という老舗の問屋で仕入れをしていた。徳田商店はその後、安長に新設された公設市場へと移転をしたので、フジ江さんは谷尾商店、前田商店、寺本商店といった問屋を利用していた。その後、新たに店を出した浜下水産も利用するようになった。なお、ブリキのカンをフジ江さんは使ったことはないが、商売を譲ってくれた年長の女性は、かつてこれを使っていたという。

フジ江さんの一日のスケジュールはこうだ。

自宅で夕食をすませた後、夜七時くらいの汽車で鳥取に行く。取引先の谷尾商店の二階に泊まり、翌朝二時半くらいに起きて商品の仕入れをする。寝る時間はせいぜい三〜四時間くらい。当初は、フジ江さんに商売を譲った女性が宿所にしていた近くの民家に泊めてもらっていた。

前日の晩に来る際に、発泡スチロールの箱二段にイリボシの紙箱を重ね、これを二本の帯で背負って来た。翌日の早朝に仕入れをした後は、さらに塩干物の箱が増える。アカウオや冷凍のカレイなどを仕入れ、それらを持って、朝一番の汽車で鳥取を出発する。かつては、因美線の三両編成の列車のうち、一両が行商人の専用車だった。

因美線の河原駅から、行商の女の人たちが三〜四人乗ってくる。みな、津山まで行く人たちで、この人たちに車内で品物を売った。河原から自宅がある美作加茂までの乗車区間が商売の時間だった。

以前は鳥取から津山まで直通だったが、国鉄の分割民営化以降、智頭で降りて乗り換えなければならなくなった。通常の乗り換えでは、階段を昇り降りしてプラットホームを移動するが、行商人たちはたくさん荷物を持っているので、ホームの端から線路に降りて渡らせてもらっていた。フジ江さんはそうした時に、他の人の荷物を持ってやることもあった。平成二十年ごろ、この乗り換えの際に線路に足が挟まり、転んで怪我をした。一か月ほど入院し、以後足を悪くしてしまったので、商売をやめたのだという。

美作加茂まで帰ってくると、残った品物を自宅や近くの本家などで売った。因美線が直通でなくなってからは、息子さんが智頭まで自動車で迎えに来て、加茂周辺を回ったが、それ以前はリヤカーを引いて売っていた。加茂にはメリヤス工場があり、ブリやハマチなどの刺身を作って、自転車で売りに行くこともあった。

商売は、日曜日以外は毎日出かけた。夕方には、河原の行商人から電話が入り、翌日の注文を受ける。忙しい毎日だった。

「お客もようけあったし、このあたりは魚屋が一軒もないから、よう売れた。商売してよかった」

子どもの学費や家の借金なども、商売をしていたから払うことができた。やめてしまってからは、近所の人や行商の人たちから、魚を買うところがなくて困るといわれるのだという。

話をしながら、フジ江さんの顔が少しゆがんだ。体を起こしていることがつらいようだ。

部屋の隅においてある簡易ベッドに横になってもらった。普段はここで休んでいるという。

寝たままで申し訳ない、としきりに恐縮されている。顔色もすぐれず、あまり長居をするべきではなさそうだった。

フジ江さんの所在を教えてくれた、浜下水産のご主人の言葉が思い出された。

「森岡さん、えらいと思う。子どもを育てて、家の借金も払って。ほんに、よう働いた人だ」

その言葉を伝えて、辞することにした。どうぞそのままで、とお願いしても、這うように玄関まで出て見送ってくださった。

二年後、フジ江さんが亡くなったと息子さんから聞いた。一度きりの、忘れられない出会いとなった。

因美線の行商人

森岡フジ江さんが列車内で魚を売ったという行商人は、因美線の河原駅から乗車してきたという。その言葉が、しばらく気になっていた。河原は内陸部にあり、漁村ではないからだ。

『新八頭郡誌　九巻　八頭郡のくらしと民俗』の中に、その河原の行商人のことが書かれていた。執筆者は、小山富見男《ふみお》さん。鳥取敬愛高等学校の校長先生である。

同書によると、行商のきっかけは、戦後、付近の梨栽培農家から多少傷がある二十世紀梨を安く買い、これを智頭や津山方面へと売り歩いたことに始まるという。次第に、梨以外の季節でも商売できる魚介類を扱うようになった。魚介類中心の商売になっても、梨の季節になるとこれをあわせて扱う人がいたり、魚介類へと移行はせず、梨の時期だけ商売する人もいたという。

小山先生のこの記述は、鳥取敬愛高等学校がまだ鳥取女子高等学校という名称だったころに先生自身が実施された、ある調査に基づいている。

平成六年、鳥取女子高等学校の社会部が、小山先生の指導のもとで、因美線を利用する行商人の密着調査を行った。「国境を越える行商人――因美線の魚介類行商人」という未刊行のレポートに、その成果がまとめられている。この当時、まだ一〇人ほどの行商人が存在していたようだ。今となっては、きわめて貴重な調査記録である。

当時のことをうかがいに、鳥取敬愛高等学校を訪ねた。多忙な時間を割いて、小山先生が話を聞かせてくださった。

先生は智頭と鳥取の間を因美線で通勤しており、車内で行商人を見かけたことから興味を持った。何度か話しかけているうちに信頼関係ができ、その人たちが県境を越えて津山方面まで商売に出かけていると聞いて、学生たちの勉強のために商売に同行し、調査させてもらうよう了解を得たのだという。

平成6年当時因美線を利用していた行商人

No.	性別	居住地	乗車駅	降車駅	備考
1	男	鳥取	鳥取	美作加茂	卸専門
2	男	河原	鳥取	中国勝山	
3	男	河原	河原	高野	No.11の夫
4	女	加茂	鳥取	美作加茂	車内での卸専門
5	女	船岡	鳥取	津山	
6	女	河原	河原	津山など	
7	女	鳥取	鳥取	那岐	
8	女	鳥取	鳥取	津山	1カ月に2～3回程度
9	女	河原	河原	亀甲など	梨の時期が中心
10	女	福部	鳥取	智頭	
11	女	河原	河原	高野	

出典　鳥取女子高等学校社会部「国境を越える行商人」

調査は、学校が休みの第二土曜日や夏休み、春休みなどを利用し、九人の学生たちとともに前日から学校に泊まって実施された。その回数は合計七回にもわたり、学生たちが行商のおばさんたちのためにゆで卵を作って持参するなど、互いにすっかり心安くなったようだ。

報告書に記載されている当時の行商人の居住地と乗降駅、行先は上の表のとおりである。この人たちの行先は、津山や高野など県境を越えた岡山県がほとんどである。乗車利用駅は鳥取が多いものの、河原駅の利用者が含まれている。

報告書には、河原から高野（岡山県津山市）まで行商に出ている夫婦の同行記録（平成六年九月十日）が記載されている。それによると、学生たちは鳥取駅を朝四時一五分に出発する列車に乗り、河原駅には五時一二分に到着。

ここから五人の行商人が乗り込み、鳥取から乗車してきた行商人から荷物を受け取っている。

この鳥取から乗車した行商人に、加茂の森岡フジ江さんが含まれているのは間違いない。フジ江さんが言ったとおり、河原の行商人は、鳥取からの行商人をとおして仕入れをしていたということになる。河原という漁村地域以外からの行商人の存在と、その人たちに卸売をする列車内での商売。魚の行商といえば、単純に、漁村から町場、あるいは農村へ、といった図式を考えがちだが、ここではそれを超えた行商ネットワークの広がりを感じさせる。

列車が智頭駅に到着すると、行商人たちは津山方面への列車に乗り換える。このこともフジ江さんから聞いたとおりだ。乗り換え後、智頭駅を五時四七分に出発、六時七分に那岐駅に着き、ここで対向列車の通過待ちのためしばらく停車する。その間に、行商人たちは持参した朝食の弁当を食べる。

目的地の高野駅には六時五一分に到着。行商人の夫婦は、妻が近くに置いてあるリヤカーに、夫は近所に預けてある自転車に、それぞれ発泡スチロールの魚箱などを積んで、七時すぎから得意先をまわり始める。品物は、鮮魚ではなく、干物やちくわなどの加工品、てんぷらなどの食品が中心であった。同行調査の日が九月上旬であったため、この日は梨も持参していた。行商範囲は、夫が線路を挟んで駅の南側、妻がその反対側となっていて、途中で夫が足りなくなった荷を補いに、妻の行商先に来る場面もあったようだ。

夫は一一時四分発の列車で帰るのを決まりとしており、残った荷を妻に預けてこの列車に乗る。妻もよく売れた日にはいっしょに乗って帰るが、たいていは残った品物を売り歩き、一二時五四分発の列車に乗る。昼食は、駅の待合室か、帰りの列車内でとる。智頭駅で乗り換え、河原駅到着は一四時二六分となっている。

報告書によれば、この夫婦は三十七年間の行商歴を持ち、日曜日以外の毎日行商に出ていた。行先はいずれも高野だが、曜日によってまわるコースが違っていた。一日のコースは五キロほどで、売れ残った日には、違う曜日のコースを何軒かまわって荷をさばいていたという。また、行商の鑑札は、岡山県の津山保健所から出されたものを所持していた。客との会話中、語尾が「……じゃ」と岡山弁になっていたことも観察記録にあり、長年の得意客との付き合いのなかで、行商先の地域との密接な関係が生じていたようすをうかがうことができる。

この報告書には、もうひとつ、重要な情報が記録されている。「昭和会」という行商人の組合のことである。

昭和会は、鳥取昭和商業協同組合といい、鳥取駅を利用するアキンドたちの組合だった。アキンドは、行商人や小売店の店主など、列車を使って商売する人たちの総称である。もっと古くは、峠を越えて徒歩で魚を売り歩く人も、アキンドとよばれていた。この地域で「移動すること」を手段とする、規模の小さい商売人に対するよび名だと考えてもよい。

因美線を利用するアキンドは、この昭和会に所属していた。そのため報告書にも、小山先生が入手した昭和三十年代前半の昭和会の資料が記載されているのである。

小山先生によれば、昭和会は、昭和十六年、鳥取商業組合として三〇〇人ほどで発足。戦時中の物資統制のなか、列車を利用する商売人の間で組合を作る必要があったものと推測されるという。戦後、昭和三十二年に鳥取昭和商業組合と改称、約七〇〇人を擁する組合へと成長した。

このとき昭和会に所属していた河原の行商人は五〇人あまり。行先はほとんど津山で、さらに西へは久世や中国勝山、東へは佐用まで足を延ばす人もいたようだ。

それにしても、総勢七〇〇人とは大所帯である。昭和会そのものが、いったいいつごろまで存在したものか、列車を使う行商人がいなくなった今となっては、もはや確かめるすべがない。

「昭和会」と山陰線の通商自治組合

昭和会は、旧国鉄の米子鉄道管理局所管の通商自治組合とよばれる組織のひとつである。

戦後、昭和二十四年六月に国鉄が公共企業体として再編され、日本国有鉄道として新たなスタートをきった。それに伴って、翌昭和二十五年七月に地方組織の改正がなされ、同年八月、全国に二七の鉄道管理局が設置された。このうち、山陰地方を管轄する組織として置かれたのが、米子鉄道管理局である。所管区域は、鳥取・島根・山口の三県下を横断し、さらに中国山地の岡山・広島県境付近までの広範囲におよんでいた。

山陰線をはじめとする米子鉄道管理局所管内の路線では、行商人の利用が多く、各地でこうした行商人による組合が結成されていた。ただし、その実態や詳細については、いずれの組合も現存せず、国鉄の分割民営化に伴う組織改編で、米子鉄道管理局そのものが、昭和六十二年四月に西日本旅客鉄道株式会社米子支店（翌年に米子支社に昇格）に変わったため、十分に検証するだけの資料も残されていない。わずかに『米子鉄道管理局史』（昭和三十八年）に記載がある程度である。

それによると、昭和三十年五月十八日に、管内の鉄道を利用する行商人に対する取り扱い方が初めて制度化された。その実施事項は、「通商人組合員に対する車内持込手回品の特認についいて」とあり、行商人が列車内に持ち込む荷物についての取り決めがなされたことがわかる。詳細は不明だが、『新編八頭郡誌　九巻』には、昭和三十二年当時、普通列車使用の場合の持込容器が、縦三五センチ×横四〇センチ×高さ三五センチ以内であったことが記されていることから、これに相当するものと思われる。

行商人による組合は、米子鉄道管理局の開局時には、すでに各地に存在していた。しかし、それらが統制されておらず、増えつつあった通勤・通学などの一般乗客との間で、混雑による問題も生じるようになっていた。そこで、先の手回品に関する規制を実施したことに続き、翌昭和三十一年四月二十六日、各通商組合を統合する米子鉄道管理局管内指定通商人組合連合会を結成し、規約を定めた。連合会では、組合員に対して乗降車に関する留意事項や持込荷物の指導を行うほか、総会や役員会、研修会等を開催するなどの活動を行っていた。

行商人の列車利用時間帯と、通勤・通学の時間帯とが重なることから、一般乗客との摩擦が懸案事項となり、米子鉄道管理局ではその対策として、昭和三十六年十月一日、「通商指定車」

鳥取県内の行商人の組合と業種別人数（人）

組合名	所在地	男女別			業種別								
		男	女	計	鮮魚	食料品	菓子	用達	卵	青果	雑貨	綿	その他
鳥取昭和	鳥取市	302	379	681	372	238	14	24	10	—	11	—	12
湖山通商人	湖山	5	24	29	29	—	—	—	—	—	—	—	—
泊通商人	泊村	18	118	136	73	—	—	—	—	60	—	—	3
由良荷物集配	由良町	21	5	26	22	—	—	—	—	4	—	—	—
伯耆通商	赤碕町	66	41	107	82	—	4	—	—	1	6	—	14
米子通商	米子市	40	78	118	6	—	102	—	—	—	10	—	—
伯備線商業	根雨町	115	22	137	64	59	3	5	—	—	2	—	4
因伯通商	境港市	42	157	199	122	18	7	—	—	2	1	47	2
合計		609	824	1,433	770	315	130	29	10	67	30	47	35

出典　鳥取県編『県民の経済』昭和32年版

の設定を開始した。これは通常の荷扱や郵便に使用していない客車を使って、行商人が乗車する「通商指定車」とすることにより、一般乗客との競合を避けることを目的に設定されたものである。ただし、これを行商人の専用とするにはいたっておらず、車両に特殊な表示をするに留まっていたようだ。

通商指定車の設定と同時に、連合会に属する各組合の呼称が統一され、「○○通商自治組合」と称することが定められた。この当時で、連合会傘下の組合は二一を数え、組合員の総数は三八一四人であったことが、『米子鉄道管理局史』には記録されている。

二一あったという組合のうち、昭和三十二年当時、鳥取県内に存在したものは上の表のとおりである。これを見ると、やはり最大の組織は昭和会で、鮮魚と食料品が中心であるものの、菓子・卵・雑貨など業種はさまざまである。

ここに「用達《ようたつ》」という見慣れない文字がある。場所によってはそのまま「用達さん」などとよぶが、どちらかといえば、県内各所では用達のことを「サンドさん」とよぶことが多い。

サンドは、鉄道開通以前からの交易を担う仕事である。特定の商品を自ら仕入れて商売をするというわけではなく、物品の運搬や買い物を頼まれるなどして、運送料と手数料をもらう。鉄道が開通する以前は、荷車を使って頼まれた荷を運び、帰りには別の荷を積んで戻るというように、目的地との間を往復するのが仕事であった。サンドが依頼される用件はさまざまで、鉄道の利用により行商が盛んになってくると、サンド的な仕事を依頼される行商人も出てきた。こうしたことから両者の区別もつきにくくなり、サンドという言葉が行商人を総称するようにもなっていったようだ。

サンドの語源は明確ではないが、「参人」もしくは「三度」と書き、近世の三度飛脚に由来すると考えられている。八頭郡の若桜町には、昭和初期ごろに、サンドが日用品の注文とりにまわってきて、翌日それを手引き車に乗せて届けてくれたといった伝承がある。一定の地域の間を定期的に往復して、頼まれた品物を運んだり、買ってきたりするのが主な仕事であった。若桜町の場合は、地域の産物である木材や下駄を荷車に積んで鳥取まで出て、鳥取で一泊し、翌日若桜の商店から頼まれた品物を積んで帰るといった、特産品の荷受けのような仕事もしていたようだ（『新編八頭郡誌　第九巻』）。

サンドや用達は、戦後になっても鉄道を使って続けられていた。便利屋のような仕事で、鍬や鎌など、必要なものを頼むと買ってきてくれる。多くが歳とった人の仕事で、たいていが男性だったが、中には女性もいたという。やがて自動車の普及によって運送業にとってかわられるようになり、昭和の終わりには全く姿を消した。

昭和会に話を戻そう。

さきほど紹介した、鳥取女子高等学校社会部による因美線の行商人の調査報告書に、昭和三十二年当時の昭和会の地区別会員数が掲載されている。

これを見ると、山陰線の東は兵庫県の香住や浜坂、西は東伯郡まで、さらに若桜線沿線や、

昭和32年当時の昭和会の地区別会員数（人）

地区	男	女	計
東伯	14	14	28
青谷	22	28	50
浜村	27	9	36
酒ノ津	6	56	62
宝木	7	6	13
鳥取	20	43	63
福部	4	21	25
大岩	6	7	13
浦冨	12	4	16
田後	3	27	30
岩井	8	3	11
東浜	1	12	13
浜坂	24	12	36
居組	14	27	41
諸寄	13	30	43
温泉町	8	1	9
香住	6	16	22
船岡	14	11	25
若桜	29	11	40
用瀬	13	11	24
智頭	15	10	25
那岐	10	4	14
津山	9	7	16
計	285	370	655

出典　鳥取女子高等学校社会部「国境を越える行商人」

因美線沿線の岡山県津山までと、広範囲に会員を擁していたことがわかる。

これだけ広がりを持っていたなら、カンカン部隊についても、なんらかの痕跡が残っていてもよいはずだ。しかし、森岡フジ江さんあたりが最後の経験者だとすると、実態を知るには遅きに失したと言えなくもない。「無理だろう」と漠然と思った。

しかし、そう決めつけるのは早計であった。次なる出会いが、山陰線を西に辿った先に待っていた。

老漁師たち

森岡さんの家を探しに因美線に乗ってから、ちょうど一年たった平成二十四年の七月初め、私は県中部の湯梨浜町泊《とまり》にあるお寺の中の集会所に来ていた。

目の前に、三人の古老が座っている。橋本是《すなお》さん（大正十年生まれ）、竹林萬寿男さん（昭和五年生まれ）、浜田智義さん（昭和九年生まれ）。三人とも、元漁師だ。お生まれの年を聞いてびっくりしてしまうほど若々しい。

泊には、漁協が保管する古い史料や、地元の医師が昭和四十年代に収集した豊富な民具などがある。橋本さんたちはそうした史資料を大切にされていて、「泊ふるさと伝承クラブ」という仲間を作って勉強を重ねている。鳥取県立公文書館の県史編さん室に勤務されている樫村賢二さんは、民俗資料の専門家で、橋本さんたちと一緒に、泊歴史民俗資料館に収蔵されている三〇〇〇点あまりもの民具のリストを作成された。私も県史編さんに多少なりとも関係しているので、樫村さんにお願いして、懇意にされている橋本さんたちに会うべく連れてきてもらったのだ。

というのも、橋本さんの奥さんが、かつてカンカンで魚のアキンドをしていたという情報を耳にしたからである。

泊は、近世の国名でいえば、伯耆国の東端、因幡国との国境に位置する。平成の大合併で湯梨浜町となったが、それまでは泊村といった。旧泊村には近世村に由来する七つの大字があり、そのうちのひとつが、村名の由来ともなっている泊である。七つの大字の中で、もっとも人口が多く、泊村の中心をなす地区である。

「泊」の語は、船着き場や港を意味している。国境という位置関係からも、交通の要所にあたり、近世には鳥取藩の舟番所が置かれていた。また、伯耆街道の宿場としての機能も持っていて、藩主の宿泊や休憩に使われる御茶屋もあったという。こうしたことから、自ずと人と物の往来も盛んで、文化八（一八一一）年の村明細帳によると、泊の戸数は一八九戸、職業は漁業・商業・農業と雑多で、他の村にはない宿屋や商店が多く存在していたという（『泊村誌』）。

明治三（一八七〇）年の戸籍簿では、世帯二五〇戸のうち、漁業渡世が一四〇、商業渡世が三九、農業渡世が一八と、多くが漁業をなりわいとしていた地域であったことがわかる。また同時期の漁船保有数は九九艘で、三九艘が小漁船、一一艘がワカメ刈船、八艘がさんぱ（沿岸漁に用いられる小型船）となっており、沿岸での小規模な漁を中心としていたことがうかがえる。実際にとっていた魚介類は、カレイ・アゴ（トビウオ）・イカ・タイ・シイラ・フグなどが、同じく明治初期の記録に見える。泊は沖漁を主としたが、隣接する小浜・石脇・園・宇谷の各集落では磯漁が中心で、砂浜を利用した地引網も盛んであった（『泊村誌』）。

こうしてみると、どうやら泊村の中心部としての泊は、漁業を主たるなりわいとしながらも、むしろ商業を中心とした町としての機能をあわせ持っていたことに特徴があるといえそうだ。実際に、江戸時代から明治にかけての港の周辺には、荷揚げされた魚を扱う問屋や仲買人が多く集まっていた。商人の取引先は鳥取・倉吉・松崎の三か所であることや、それらの地域で売る商品としては不向きな魚を集めて近在に売り歩く行商人がいたことも、記録に残されている。

「子どものころ、シオキリしたシイラを、大八車で作州（岡山県）のほうへ運んだ、という話を聞いたことがありますわ。人形峠を越えて、上斎原《かみさいばら》のあたりに二日くらいかけて行っとったようです」

大正十年生まれの橋本さんが子どものころというと、昭和初期の話である。シオキリとは塩蔵処理をすることで、シイラは傷みが早いことから、戦前には沖でとったものをその場で腹を割り、内臓を取って、シオキリして港に戻ることもあったという。

シイラは、今では練り物の材料程度にまで評価が下がってしまったが、かつてはこの地域で随一といってよいほどの価値ある魚だった。シイラ漬という伝統的な漁法があり、江戸時代には藩の許可が必要とされて、沿岸の各村に対して、漁場が厳格に定められていた。漁場をめぐる論争も、近代に至るまでたびたび生じていたようで、泊の場合は、特に隣接する夏泊と赤碕（松ヶ谷）との間で論争が生じやすく、その際に漬場所や山立てを明記した図面が作られている。

シイラ漬とは、大きな浮遊物に好んで集まるシイラの習性を利用して、海上に孟宗竹で作った筏《いかだ》を浮かべ、ここに集まるシイラを一本釣りや網で捕獲する漁である。筏は、直径約一五センチ、長さ約三メートルの竹を二〇本ほど束ねて作り、目印に立木を一本つける。これを定められた場所に土砂俵の錨で固定するのである。

『泊村誌』によると、定められた泊の漁区内での操業については、古くから旧暦三月三日（その後四月三日）に神前でくじを行う習慣となっていたという。シイラ漬の操業を希望する者は、当日の朝にまず本くじを引く順序を決めるための座くじを引く。その結果に基づいて本くじを引き、山割りを決める。山割りとは、操業場所を東から一〜三に分けたもので、くじに書かれた数の場所で操業することになる。このように、漁区内で操業する漁船が競合しないよう、あらかじめくじを引くのである。

泊では、大正半ばころから焼玉エンジンを使った小型の動力船が稼働していたが、それらが戦時中に減り、戦後、昭和二十五年ごろまでは無動力船が多くなっていた。その後は動力船の数が増え、昭和四十年ごろからは船外機船も登場するなど、主として小型船が多く利用されていたようすがうかがえる。

竹林さんは、仲間内でも定評ある腕のよい漁師だった。その竹林さんが書いたという、戦後の泊で行われてきた漁法の絵を見せていただいた。コチ網、ヒラメ網、タイ網、アゴ（トビウオ）流し網、アジ網、ハマチ網、キス漕刺網など、魚種の名前がそのまま網の名前になっているのは、漁場や網の糸の太さ、網目の大きさなどが、それぞれの魚種で異なるからだ。もちろん、ひとつの網でとる魚は一種類だけではない。たとえばコチ網なら、同じ漁場にいる舌カレイ、ホウボウ、タイなどもとれるし、ヒラメ網でも、クログチ、メダイなどがとれる。さまざまな漁法を組み合わせ、多種多様な魚をとっていたことがわかる。

ここに書かれているほかにも、イタヤガイをとるジョレンや、カニをとるためのカゴ漬などの漁もある。橋本さんの話では、カニのカゴ漬は昭和三十〜四十年代に始まった漁法で、それまでは刺網だった。

「同じ刺網でもとる魚によって網の〝目あい〟が違います。水深五〜六尋《ひろ》のところでカニをとる刺網がありました。ヒラツメガニっていって、爪が平べったいカニです。網にエサをちょいちょいつけてあるですが、カニが這って上がるうちに自分で網にからまってしまう。だから網の目は大きくてもええです。ヒラツメは春先の時分ですわな、お雛さんによう供えよりました。茹でたカニをな」

刺網からカゴ漬に漁法が変わったのは、流行を取り入れたからだという。網なら死んでしまうカニが、カゴなら生きたまま捕獲できるので、商品価値もそれだけ高くなる。新しい漁法に対して、漁師は常にアンテナをはっているのだ。

近接する漁村であっても、地理的条件が異なると、漁法も異なる。たとえば、泊の東側にある小浜では、モグリや水鏡（箱メガネ）を使ったイソミ（磯見）、西側の宇谷では長い砂浜を利

泊の漁師たち
泊の漁師たちが戦後にあみ出したゲタ釣り（潜行板を使ったヒラメ漁）の道具を手に、漁の話で盛り上がる。左から橋本是さん、竹林萬寿男さん、浜田智義さん（民宿海晴館にて、平成 27 年 7 月）。

用した地引網のほか、むしろ農業が主であった。

それに対して泊では、漁船を使った漁が主体になる。とはいえ、遠い沖合に乗り出すよりも、灘《なだ》（陸の方向）に近いところが操業の中心で、船もひとりかせいぜいふたり乗り。見つけた魚群に網をかけてその中に追い込むといった、どちらかといえば穏やかな感じのする漁だ。「網を落として、船でぐーんと引っ張りながら回して、ええあんばいに漕げたかな、というときに止めると、ここのところにかかっとる」と自筆のキス漕刺網の絵を指さす竹林さん。「漕ぐ」というのは網を引っ張ること。キスの群れを追うように船で円を描きながら網を回していくのだという。その網の端に、作りかけの渦巻のようなカーブを作る。これを「わげる」という。そうすると、その「わげた」網のところに逃げようとする魚がひっかかる。なにやら魚との知恵比べのようでもある。

橋本さんが言う。

「魚がどんどん回遊してきよったころは、泊は目の前が漁場ですけえ、恵まれとりました。凪《なぎ》になって船を出して、そこで漁をすりゃあそれで生活できた。漁師もそれ以上のことを好んではおらん。そのうち回遊してくる魚が少なくなって、沖に出て漁をせんといけんようになってきた。天神川から西のほうの沖合は天然の漁礁ばっかりで、そのあたりでは釣りでけっこうやっていけますけど、泊の沖には漁礁が少ない。だけえ魚の定着性が少ないですな。それで泊沖は人工漁礁が多いですわ。昭和三十年代、まだ他であまりやっとらん時に、山口県の萩のほうで作ってもらったのを運んで入れました。だけど、やっぱり天然の漁礁には負けますわ」

泊の沿岸には、かつては豊富な魚種が回遊してきていた。そのためか、漁師はどちらかといえば呑気で、さほど大がかりに漁を発展させようということでもなかったらしい。

「終戦後すぐ、サバがようけとれた時期がありました。泊はサバ専用のハエナワがありましたけど、イワシがエサでしょう？　エサとりからしてかかりよった。イワシは刺網でとります。けど一年中とれん。エサ用にイワシを塩漬にしとったほどです。それにハエナワは、いったん入れたらそのまま。魚探があるわけでないし、上げてみるまでは、サバがくっついとるかどうか、空のときもあるわけです。空のときは、ドウモンくらった、っていいよりました。どこからきた言葉かわからんけどね。

あるとき、田後《たじり》（岩美町）の船が泊沖に来とって、時化《しけ》になりましてな、泊の港に避難させてあげた。それから懇意になって、田後の人からサバの一本釣りを教えてもらった。毛釣りといって、鶏の羽根を疑似餌にした釣りです。香住のあたりから入ってきた漁らしいですわ。一本釣りといっても棹釣りではなく、手釣りです。ハエナワと違って餌がいらんし、なにしろ勝負が早いというので、みんな一本釣りに変えた。疑似餌の羽根をとるのにオンドリ飼っとりました。卵産まんのにね」

漁法の伝播というのは、思いがけないところから起きるものだ。時化にあった船を助けたことが縁で新しい漁法を教わるというのも、命がけの世界でありながら、どこか温かい。

昭和三十年代ごろは、鳥取県内に四〇の漁業協同組合が存在していた。そのうち泊村の漁協は、泊・宇谷・小浜石脇の三つの漁業集落で構成され、総計四〇五人の組合員を擁する比較的規模が大きい組合となっていた。漁獲量も、東部の賀露、網代、田後の各組合に続き、泊の漁協が四番目となっていて、中部地域で随一の漁獲を誇る地域であった。

ただし、この地域に特有の冬場の時化のため、操業時期は夏場が中心となる。港の立地上、時化になると船の出し入れができないのである。そのため、漁師は隠岐島へ出漁《でりょう》に行ったり、他の地域の船に乗って出漁に携わったりと、出稼ぎを組み合わせて生活していた。

橋本さん自身も、戦前にそうした出漁の経験がある。

「島根県の底引きの船で、下関を拠点にしとったのがあって、冬場に行きました。帰ってくるのは五月ごろ。小さい船で、出るときに遭難事故がありましてな、危険だから、ということで若造なのにええ給料だった。船の設備が五万円あったらできるというころに、一か月で七〇円もらっとるだで。昭和十四年か十五年です。漁場は済州島のところ。一昼夜かけて漁場に行きよりました。一週間から一〇日、半月くらいは船上生活。そのあと徴兵検査にひっかかって二年しか行っとらんけど、先輩たちは十何年も行っとりました。親の年代の人はみんな行っとったんでないだろうか」

漁師の出稼ぎは、出漁だけではない。戦後になると、工場や建設工事の関係での出稼ぎが増える。

「京阪神の方へドカタの仕事に行ったり、大阪のパン工場に集団で出稼ぎに行ったこともあります」と橋本さん。出稼ぎでドカタはなんとなく想像がつくが、パン工場とは意外である。聞けば、たまたまこの地域の人に縁があって、三〇人ほどが毎年行っていたという。昭和四十年代から五十年代にかけてのことである。

「ちょうど相撲の大阪場所のころでした。あいさつを兼ねて様子を見に行ったら、みんなパンの粉で顔を真っ白にして出てきましたわいな」

橋本さんは、長年にわたって漁協の組合長を務めていた。その責任から、仲間の仕事場を見に行ったようだ。

浜田さんは、実際にパン工場の出稼ぎに行ったひとりだ。

「正月の出初式が終わったあたりで大阪に行って、三月いっぱいまで工場の寮におりました。パン工場には、何年も行きましたなあ。初めのうちは慣れんけど、毎年行っとりゃあ、すっかりベテランですが。泊から行っとった仲間はみんな漁師ですけえ、二晩くらいは寝ずに仕事するのが当たり前。パン工場でも遅くまで働いとりました。工場の人が、この人たち、どげな人たちだ、って驚いとりましたで」

それでも、毎冬、家や漁から離れなければならないのは気が重かった。その後、コソコ(小型底引網)やキス漕刺網が開発され、凪の日であれば冬でも漁に出ることが可能になったときには、本当にうれしかったという。

昔の漁の話になると、三人とも目がきらきらと輝いて、まるで少年のようだ。誰ともなく、「やっぱり海に出たい。漁師がやりたい」と語る。

泊では、鳥取県の漁協と統合したあたりから港に魚が上がらなくなった。

「泊の魚が泊では手に入らんのです」。橋本さんの口調にも力が入る。漁師の数も減り、往時の賑わいはない。かつて県内でも有数の水揚げを誇っていただけに、こうした現状がどうにもやりきれないのだろう。

泊のアキンド

橋本さんが、手書きの紙を一枚広げた。

「魚行商人」と冒頭にあり、泊の地区ごとに、名前と、ところどころ行先までメモ書きされている。行先はさまざまあるが、たいていが倉吉市内である。「奥の方」と書いてあるのもあり、軽便鉄道の倉吉線で、関金《せきがね》や山守《やまもり》といった岡山県境に近いあたりまで行っていた人もいたようだ。全部で六五人ほど。橋本さんの記憶にある行商人が、すべて書き出されている。

「アキンドが使っとった道具は、カンカン。カンカン部隊っていいよりましたな。汽車で倉吉のあたりに行っとった人が多かったようです。この人は戦前の人で、テンビンです。ザルをテンビンで担いどりました。昭和十四、五年にやめたと思います」

書かれた人の名前を指しながら、説明してくださる。御歳九十をまわった橋本さんの驚くべき記憶力に言葉がない。

「カンカンは、戦前にもあることはあったでしょうや。けど氷自体が少ない時代で、ここらの寺の裏あたりに残っとる雪を氷がわりに入れることもありました。氷は戦前からありました。

ここに製氷工場ができるのは戦後だから、そのころは倉吉あたりから持ってきよったんでないだろうか」

カンを使うということと、氷の利用とは切っても切れない関係にあるようだ。カンそのものは戦前から存在していても、氷の量産が叶うのは戦後である。カンを使う必然性は、やはり戦後からと考えてよさそうである。

汽車を使った行商も、戦前から行われていたという。泊は、港の市場から駅までが近く、鉄道を利用するのに便利がよかった。

以前、泊の資料館に保管されていた魚の行商籠を見て、持ち主をたどったことがある。これを使っていた当人は、三〇年以上前に亡くなられていたが、息子さんが当時を思い出して話してくださった。それによると、母親は戦前から汽車で倉吉の中心市街地に魚を売りに行っていた。籠をテンビンの両方に下げ、振り分けにして肩に担っていたという。地引網でとれた魚を「砂かぶり」といい、イマドレ（今獲れ）、つまり、朝とれたばかりの生きのよい魚を持って売りに行った。仕入れは泊の港近くに集まっていた魚問屋で、所属する問屋の木札（鑑札）を持っていた。籠のときには、氷は使っていなかったが、戦後になって道具がカンに変わり、氷を入れて持って行くようになった。仕入れも、戦後になると漁協の市へと変わった。

カンの利用と、鉄道の利用。以前から、その相関性がどうも気になっていた。カンを使う目的は、鉄道を利用する際の防水対策であるという認識に間違いはないだろうが、鉄道の利用は戦前からなのに、カンは明らかに戦後に普及している。他に理由があるのではなかろうか。

これは後日調べてわかったことなのだが、結論からいうと、カンの利用に直接関係するのは、むしろ魚行商の法的な整備と衛生管理の問題にあった。

ここで少し説明を加えておきたい。

戦後、昭和二十二年に食品衛生法が制定され、昭和二十五年四月には魚介類の販売業が許可を必要とする業種に追加された。ただし、行商のような移動販売は除外されていたため、各都道府県で規制がはかられた。鳥取県では、昭和二十五年八月五日付の条例第四一号で「鳥取県水産食品衛生条例」を定め、水産食品の販売に携わる者を登録制とし、県への届け出を義務付けた（以下、「鳥取県水産食品衛生条例」に関しては、「鳥取県広報号外　昭和二十五年八月五日」ならびに「鳥取県広報第二千百三十七号　昭和二十五年八月二十五日」による）。条例の目的は、「公衆衛生の向上増進に寄与し水産食品に基因する衛生上の危害の発生を未然に防止すること」とあり、常設の店舗を有する「加工水産物販売業」のほか、「鮮魚介類及び知事の指定する加工水産物行商営業」の従事者もその対象としている。つまり、魚行商に対する許可制と登録制が、衛生上の目的を第一義としてここに初めて明文化されたことになる。

登録にあたっては、定められた登録手数料を納め、登録証の交付を受ける。これを店舗であれば掲示し、行商の場合は携行しなければならない。登録手数料は、店舗、行商ともに一五〇円で、再交付手数料は五〇円であった。

また、この条例の細則として、営業の施設および取り扱い基準が定められた。このうち行商営業に対しては次ページの表にまとめたとおりである。これを見ると、とりわけ使用する容器や器具の取り扱いに対して留意が払われており、これらを清潔に保つことを重要視していることがうかがわれる。

この鳥取県水産食品衛生条例が公布・施行された二〇日後の昭和二十五年八月二十五日、登録手続きの様式が告示された(鳥取県告示第四三一号)。それによると、登録申請書の記載事項として、行商区域、運搬方法のほか、行商容器の構造設備の詳細を記載した図面を提出することが義務づけられている。

これらのことを総合すると、行商営業が登録許可制となった昭和二十五年の時点では、ブリキカンの使用に関する明記はないものの、衛生管理上、使用する容器の条件が詳細に定められており、こうした条件にかなうもっとも適切な容器としてブリキカンが普及したと考えることができる。

鳥取県水産食品衛生条例は、その後昭和四十年三月二十六日に公布された鳥取県魚介類行商条例へと全面的に改正された。店舗や市場での営業者とは別に、行商に対して独立した制度が示されたということになり、この当時行商人の活動が非常に活発であったことを裏付けるものであるといえる。

改正後の条例でも、目的を「食品衛生上の危害の発生を防止し、公衆衛生の向上及び増進に寄与する」とし、衛生管理を第一義としていることは変わりない。また、行商の営業を知事への登録・許可制とすることも同じである。基本的には以前の条例の内容を踏襲しつつ、許可の年限を「二年を下らない期間で規則で定める」とし、行商鑑札の貸与等の禁止事項が新たに設

行商営業に対する取り扱い基準
（昭和25年8月5日、鳥取県条例第41号別表第1）

(食品取扱設備)

1　食品取扱容器は衛生的なものであること。

2　食品の種類及び取扱数量に応じた食品取扱容器をそなえ箸、匙、かぎ、はかり等適当な取扱器具をそなえること。

3　食品取扱容器具で食品に直接接触する部分は平滑で耐水性がありその構造は掃除し易いものであること。

4　食品取扱器具はよく修理が行届いてひび破損等がないこと。

(取扱方法)

5　食品取扱に使用する容器、器具類はすべて少くとも1日1回は洗じょうする等の掃除を行い、特に食品に直接接触する面は使用前に入念に清潔にし且つ、従業中常に衛生的にしておくこと。
食品に直接接触する器具の表面は、洗じょう後常に摂氏76.5度以上の熱湯蒸気で消毒すること。

6　食品の取扱は常に衛生的であり容器器具は有がいとし運搬等に際し特にそ族、こん虫、塵あい等により汚されるのを防ぐとともに鮮魚介類を生食する目的をもって調理販売しないこと。

7　食品は氷の使用等によりその鮮度保持に努めること。

(食品の取扱者)

8　伝染性の疾病又は化のう性の傷或はできもののある場合は営業に従事しないこと。

9　直接営業に従事するときは清潔な洗たくのできる作業衣を着用すること。

10　直接営業に従事するときは常に爪を短くきっておき、身体を清潔にし用便の後は必ず石けんで手を洗うこと。食品を取扱う器具を身体の各部にふれないこと。食品の取扱中はたん又はつばをはき又は煙草を吸わないこと。
多少でも下痢症疾患のある時は営業に従事しないこと。

けられた。

　この改正後の条例で特筆すべきは、使用する容器についての細目が規則で定められた点である。例えば「容器は、金属製又は合成樹脂製のもので内外面が平滑なものであること」、「容器は完全なふたがあり、及び底部にはずして洗浄できる金属製又は合成樹脂製のすのこがあって汚水が鮮魚介類及びその加工品に接触しない構造であること」、「鮮魚介類及びその加工品を同一容器に収容する場合にあっては、容器は、鮮魚介類と加工品を区別して収納する構造であること」といったように、容器の材質や構造に関する規定が示されている。

　泊でカンの製作にあたっていたのは、地元のトタンヤであった。トタンヤではこうした基準を承知したうえで、それに合致するカンを注文に応じて作っていたのだろう。そのトタンヤも、今はもういない。


「こんなものが、家から出てきました」

　そう言って、浜田さんがなにやら懐から取り出した。金属製のプレートとバッジ。

「母親がアキンドやっとりましてな。これだけはとっておいたですが」

　プレートは、手のひらに乗るくらいの大きさのものが三枚ほどあり、いずれにも「通商自治組合」と書かれている。一番上に書かれた数字は、有効期限の年を記していると思われる。左下の㊌の印は、おそらく米子鉄道管理局のことだろう。当時の国鉄が発行した、通商自治組合の鑑札に間違いない。

さらにバッジをみると、「国鉄公認　鳥取　昭和會」と書かれている。思いがけない「昭和会」との邂逅であった。

米子鉄道管理局管轄の
通商自治組合の鑑札
（鳥取県立公文書館蔵）

昭和会の徽章
（鳥取県立公文書館蔵）

地区別にまとめられた橋本さん手書きの行商人リストに、「鳥取汽車買入行商人」という別枠があり、一三人の名前が書かれている。浜田さんのお母さんのあいさん（明治四十一年生まれ）は、このうちのひとりだった。

この一三人は、いずれも地元で小さな店を経営する人たちで、仕入れのため、汽車を使って鳥取を往復していた。鳥取駅を利用するということで、昭和会に加盟していたという。東伯という支部に属し、昭和会の組織では最西端の会員であった。

あいさんは、泊の東にある青谷町の漁村、夏泊の生まれで、実家では海女をしていた。シマオケという潜水漁で使う桶を持って嫁に来たが、泊では潜水漁は盛んではなく、ワカメやテングサをとる程度であった。

嫁ぎ先は漁師で、夫は船の乗り子をしていた。夫は戦時中、日中戦争と太平洋戦争の両方に出征もしている。当時から、姑やおばが汽車を使って倉吉方面へアキンドに出ていた。日銭を稼ぐことができるので、それを身近で見ていたあいさんも、戦後になってアキンドを始めたようだった。

あいさんが商売を始めたのは、昭和三十年ごろである。浜田さんの家では、昭和二十八年に初めて自前の船を持ち、父と智義さんと弟の三人で漁をするようになった。その少し後くらいから、昭和会に加入し、汽車を使って鳥取に魚を持って行くようになった。

当初は店を持たず、鳥取に品物を持って行っては、帰りに別なものを仕入れて帰り、地元でそれを売るということをしていた。泊から運んだ品物のうち、とくによく売れたのはサツマイモだった。泊の家々には、サツマイモを貯蔵しておくイモガマがどの家の床下にもあるので、心当たりを訪ねて行ってわけてもらう。智義さんはそうしたイモの買い取りを手伝ったり、母からいわれて畑を借り、自らイモを栽培したこともあったという。

カンを肩にかけたアキンド姿の浜田あいさん
（浜田智義さん蔵）

「五貫入りの米袋にイモを入れて、それを二袋提げて行っとりました。肩に魚を入れたカンを担いで、イモ提げて、相当な重さでしょうや。雪が降るような寒い日であっても、朝一番の汽車で行きよりましたで。イモを売るのは、鳥取の焼イモ屋。よう繁盛しとった店で、あそこの家は子ども三人、焼イモで大学に行かせた、って言うとりました」

昭和四十五年ごろに、大阪で会社勤めをしていた智義さんの弟が夫婦で帰ってきて、店を始めた。食料品から日用品までなんでも扱うよろずやのような店で、あいさんはこの店を手伝い、その後弟の自動車で鳥取に仕入れに行くようになった。鳥取にはあいさんの顔が利く仕入先が多くあったので、そうしたところをまわって仕入れをしていた。

「写真もありますで。昭和会の旅行で、毎年どこぞに行っとったようです。七〇〇人くらい会員がおったそうで、貸切の汽車二台連ねて行くようなこともあったと聞いとります。コンピラさんに行ったときは、七両編成の汽車で、バス一三台にもなって、ミス琴平が迎えに来たそうですわ。地元の人も、こげな団体初めてだ、って驚いとったそうです」

その写真を見せていただいた。団体旅行の記念写真で、確かに大人数である。行先もさまざまだ。昭和三十五年には京都、三十七年には九州、三十九年には北陸、四十七年には箱根、四十八年には奈良、五十三年には東北地方にまで足を延ばしている。奈良の東大寺前で撮った写真など、あまりに多すぎて人の顔がよくわからないほどだ。支部ごとに撮った写真もあり、泊を含む東伯地区の会員同士の写真や、泊のアキンド仲間だけで撮った写真もあった。

あいさん単独の写真も、そこに残されていた。旅行時のものではなく、前掛けをした日常の

昭和会の旅行
（昭和 48 年、浜田智義さん蔵）

スナップである。お顔が、智義さんにそっくりだ。

見ると、右肩にカンらしき荷物を担ぎ、左手にも荷物を持っている。アキンド姿である。

「カンカンもありますで」

あいさんが使っていたカンも、残しておいてくださっていた。側面に、「泊駅　浜田あい　昭和三十四年四月新調」と大書されている。きっと男勝りで、豪快な方だったのだろう。そう思わせるような、力強い字である。

「汽車では、機関車のすぐ後の先頭車両に乗るのが決まりだったようです。昭和会のバッジをつけて、これ（金属製のプレート）を荷物に貼って、乗っとったんでしょう」

一方、同じアキンドでも、倉吉方面への魚の行商に携わる人たちは、昭和会ではなく、泊で独自の組合を作っていた。

「積み立てをして、年に何回か旅行に行きよりました。六月の大山《だいせん》の山開きには、必ず行くことになっとったようです。私も家内がアキンドしとりましたし、組合（漁協）でも取引があったもんで、一回ついて行ったことがあります。前の晩から泊まって、夜に大神山《おおがみやま》神社で神事があって、それが済むと一杯飲んで慰安会のようなことをして、朝二時ごろに起きて頂上に上る。夜中に雷が鳴って大丈夫だろうか、と思ったら、カラっと晴れたのを覚えとります。山頂で日の出を拝みました。桂網をやっとったころだから、昭和四十年代ですわ」

橋本さんの奥さんのとなさん（大正十三年生まれ）は、昭和三十年から五十年くらいまで魚のアキンドをしていた。行先は倉吉で、初めは汽車を使っていたが、昭和四十五年に自動車の免

浜田あいさん使用のカン
（浜田智義さん蔵、平成 24 年 12 月）

許をとり、軽トラックに切りかえた。橋本さん自身でさえ、免許取得は昭和四十二年だというから、女性としてはかなり先駆的だ。

その奥さんが使っていたという前掛けを持ってきてくださった。アキンドをやめたあと、実家の梨農家の手伝いもされていたとのことで、自分でポケットをつけなおすなど、少し手が加わっている。

「家内には、ずいぶん苦労をかけました」

つぶやくようにおっしゃった。亡くなって、十年ほどになるという。大切にとっておられた遺品であろうに、「役に立つなら」と県史編さん室に寄贈してくださった。

カンカン部隊。昭和会。泊に来て、それまで断片的だったことがらが、するするとひとつの線につながった。だが、活動時期のピークはいずれも昭和三十年代から四十年代である。

「アキンドをやっておられた方は、もういらっしゃらないのでしょうね」

リストを見ながら尋ねた。それはそれで仕方ないと思っていた。

三人が、やはりリストを見ながら、なにやら話を始めた。

「増子さん、元気かの？」「このまえ、畑で会ったがな。元気だわいな」

最後にやっていた人が何人かいるが、歳をとって耳が遠くなってしまったりで、話ができるのはこの人くらいだろう、と橋本さんが指差したのは、「伊藤増子」と書かれた名前だった。

体験者に会える。予想外の展開になった。

上井駅裏付近の行商人（昭和 30 年代、倉吉市　米原季雄氏撮影）

前ページの写真◉上井《あげい》駅裏付近の行商人

昭和 30 年代、倉吉市内で写真館を営む米原季雄さん（大正 13 年生まれ）が上井駅（現在の倉吉駅）近くで撮影。前を行く女性が背負うふたつのカンに「竹野　増田千代」の文字が踊る。竹野とは、兵庫県豊岡市竹野町。北前船が出入りした古い港町だ。山陰線の竹野駅は、城崎温泉駅のひとつ手前。倉吉へはあまりに遠い。

この写真を持って竹野に行き、増田千代さんの家を探し当てた。ご家族によれば、千代さんは普段、山陰線の八鹿（ようか）駅（兵庫県養父郡八鹿町）を拠点に商売をしておられたとのこと。昭和 40 年代の終わり、80 歳ぐらいまで行商に出ていた。

おそらく、冬場の漁閑期にカニなどを持って、倉吉周辺の市場、もしくは列車の中で魚アキンドに売るため、臨時でやってきたのだろう。そうした人が兵庫県方面から来ていたと、泊の魚アキンドの伊藤増子さんも記憶している。千代さんのうしろを歩く女性は、竹野の西岡八重乃さん。空箱を提げているところをみると、この日の荷は完売した模様。心なしか、表情も晴れ晴れとしている。

アキンドのたくましさと、想像をはるかに超えた活動範囲を実感させる、貴重な 1 枚である。

下の写真◉竹野川の河口に開けた竹野の街並み（平成 27 年 7 月）

第4章 アキンドに生きる

——魚行商体験記

倉吉市宮川町の日ノ丸バス会社にて
（昭和 30 年代、倉吉市　米原季雄氏撮影）

泊の元漁師、橋本さんたちに出会ってから五か月たった平成二十四年十二月の中旬、最後の魚アキンド体験者のひとり、伊藤増子さんを訪ねた。それから何度か足を運ぶことになる、これが最初だった。

家は、泊の港を見下ろす高台にある。増子さんは大正十四（一九二五）年生まれ。ご主人の秀政さん（大正十年生まれ）とふたり暮らしである。

山陰の冬は、日本海を灰色の雲が厚く覆い、そこから吹き寄せる雪まじりの北風に、心身ともに凍えそうになる。家の中に上がらせてもらうと、足が悪いという増子さんが、小さな背を丸めてコタツに入っておられた。

泊の漁師の家に生まれ、泊の漁師のもとへ嫁いだ増子さん。「ここから出たことない」というが、アキンドをしていたころは、毎日、得意先がある西倉吉との間を往復していた。汽車を乗り継ぎ、片道約二〇キロの道のり。小さな旅だが、そこにはさまざまな出会いや物語があり、その積み重ねがひとつの世界を形作っている。増子さんが話してくれたアキンドという世界を、ここに紹介したい。

賃労働からアキンドへ

増子さんは、泊の漁師の家に生まれた。きょうだいは、八人か九人。幼くして亡くなった者もいるので、正確な数はわからない。長男が戦死したため、増子さんが惣領だったが、実家は弟が継いだ。増子さんは二十二歳か二十三歳のときに、同じく漁師の夫と結婚して家を出た。

「(増子さんの)お母さんの母親と、うちのお父さん(夫)の母親がいとこ同士だった。(夫の母が増子さんの祖母に)他人から嫁とるより、お前の孫ひとりごさん(ください)っていいなった。そって、一緒になったもんだいな」。そのような縁で、ふたりで新しく所帯を持った。嫁ぎ先では舅や姑と同居はしていなかった。

増子さんの母親は、魚のアキンドをしていた。父親も、年をとって漁師をやめてから、一時的に倉吉の町へアキンドに出ていたことがある。

当時、泊の女性は、ほとんどが現金収入を得るための仕事をなにかしらしていた。増子さんも結婚後、家計を助けるため、キダシやドカタなどさまざまな仕事についた。キダシは、村内に製材所があり、材木を積んだキウマ(木馬)を引く仕事だった。またドカタは主に泊港の修改築工事に伴う賃労働で、いずれも力仕事だった。

こうした賃労働は、嫁入り前から親について従事する人もあったが、増子さんの父親は、断じてさせなかったという。

「おとっつぁんが、言うだな。ドカタの手まではつけて嫁にはやらん。ドカタはいつでもできるけどな、嫁に行くまではそがな仕事させん、ってな。そのかわり、（嫁に）行ったら、なんでもせえ。ドカタはせん、とか言うだないで。（ドカタは）習わんでもできることだけえ」。そう言われ、娘のうちは家の中で炊事などをして過ごしていた。

結婚後、二十代から三十代にかけては、そうした賃労働に従事していたが、キダシをやっていたあるとき、体が「ブラン」とした。なんとなく不快感があり、仕事が大儀になって具合が悪く、半年ほど休んだ。「これではいけんわい」と思い、母親の勧めでアキンドをやってみることにした。四十歳を過ぎたころであったという。

同じアキンドでも、商売を始めるいきさつは人によってさまざまである。

増子さんと同年代で、他村から泊の漁師のもとに嫁いで来たアキンド仲間のある女性は、子どもが二人生まれてからアキンドを始めた。三十歳くらいのときであった。始めてからもうひとり生まれたので、子どもは三人になる。漁師の夫の稼ぎは船の購入などに使われるため、子どもを育てるにも稼がなければならない。そこで、道具さえあれば簡単に始められることから、アキンドをすることにしたのだという。アキンドの仕事では、現金のかわりに米で支払いをしてもらうこともあった。この人の場合、儲けは少なくても、食べる物に困らないという点に魅力があったようである。

統制時代の物々交換

結婚後、まだアキンドを始める前の終戦後まもないころのことである。増子さんは汽車を使って、農村部へ魚を運んだことがあった。行先は、山陰線の由良《ゆら》駅（東伯郡北栄町）から南へ三キロほど行った東亀谷《ひがしかめだに》という農村だった。

きっかけは、東亀谷から泊へ、米と交換で魚を買いに来た人がいたことだった。

「魚買いに来なったです。そこの人が。わけてあげたら喜んでな、今度はお前方が魚持ってきてごせ。東亀谷の○○って聞けばわかるけ、っていう」

そこで、言われたように訪ねて行ったところ、「お前も来い、お前も来い、ってみんなよんで来てな、じっとしとっても、魚さばいてごしなりよった」。近所の人たちを次々によんで来て、増子さんがなにもしなくても、持って行った魚をすっかりさばいてくれた。

米などの食料に換えて帰ったが、まだ戦時中からの配給が続いていた時代である。汽車で帰る途中で見つかって、取り上げられてしまうこともあった。それでも増子さんは、母親とともに、何度も行き来したという。

「カンカンやなんか、持つような時代ではないけえな。統制が厳しいだけえ。魚なんかも配給でな、わからんようにゴムの袋に魚を入れて、それをツギ（布袋）に入れて、魚でないようにして持つです。するめやなんかも負うていって、米と換えてもらった」

魚を運ぶにあたっては、中身がわからないように工夫して持って行く必要があった。ゴムの袋は専門に作る人がいて、注文すると、手持ちの布袋の大きさにあわせて、その中におさまるようにこしらえてくれる。増子さんはこの袋をふたつ提げて魚を持って行った。水産物の配給統制が撤廃となるのは昭和二十五年四月一日であるから、それ以前の話である。こんな時代にカンを持っていたら、即座に魚だということがわかってしまう。こうしたことを考えあわせても、魚行商人が使用する運搬道具としてのカンの登場は、統制撤廃後の昭和二十年代後半であると考えてよいだろう。

終戦後の統制時代には、食料を求める人たちが生産地に大勢やってくる現象が各地でみられた。泊も同様で、遠くは京阪神から魚を買いにやってきたという。そういう場合、取引の多くは現金だった。なかには、農村部の人たちが、支払の一部を米に換算して、現金との合算で精算することもあった。

アキンドになる

増子さんは、実家の母親に勧められて魚のアキンドを始めた。母親は、西倉吉駅周辺で商売をしていたので、初めはそれについて行った。ブリキのカンを地元のトタンヤに頼んで作ってもらい、県に届出をして、行商の登録証を交付してもらった。

西倉吉駅は、軽便鉄道の倉吉線にあった駅名である。倉吉線は、山陰線の上井《あげい》駅（現在の倉吉駅）を発して、倉吉の中心市街地を通り、岡山県境に近い山間部まで達する、約二〇キロの路線だった。

倉吉は、鳥取と米子とともに、県内の主要な都市のひとつである。もともとは、明治の終わりに、山陰山陽連絡線のひとつとして、倉吉から津山（岡山県）に至る路線の建設を請願する動きが活発化していたが、それが立ち消えとなり、明治四十五（一九一二）年、山陰線の開通と同じ年に、上井駅と倉吉の中心市街を結ぶ路線が開通した。倉吉線はその後、延長がたびたび計画されながらもなかなか進まず、昭和十六年にようやく関金まで開通。戦後になって延長工事が再開され、昭和三十三年に山守まで全通した。昭和六十年に廃線となり、線路跡の一部が現在ではサイクリング道路として整備されている。

「泊から汽車で上井に行って、上井で降りて倉吉の市場に行って、（仕入れた荷を追加してから）上灘《うわなだ》の駅から軽便の倉吉線に乗って、そんで西倉（西倉吉駅）まで行っとりました。

五時なんぼの汽車で行くですけえな。夏場、船が出るときには、四時ごろに起きてな、イチが立ちよった。ごはん食べるのも時間がないけえ、弁当持って行くです。朝起きてすぐ、弁当箱にごはん入れて、ちょっと水入れて、ガスに二〜三分かけて温めてな。その間に着替えやなんかして、包んで持ってく。汽車に乗るとちょうどええ具合になって、汽車の中でごはん食べよった。上井に行くまでにな」

泊で漁があるのは、四月から十月ごろまでである。この時期には、早朝に泊の港で市が立った。港で仕入れをして、五時過ぎの汽車で山陰線の泊駅から上井駅まで行く。上井までの汽車内で、持参した弁当を食べる。弁当は、アルミの弁当箱にごはんを入れ、夕食の残りの煮魚や漬物などのおかずも少し入れる。汽車の中では、同じアキンド仲間と賑やかに話をしながら弁当を食べた。

伊藤増子さんが
使っていた弁当箱
（平成24年12月）

上井駅で降りると、市場のトラックが迎えに来る。倉吉には、上井駅近くの上井水産と、倉吉線の上灘駅に近い倉吉魚市場というふたつの地方卸売市場があった。アキンドはそれぞれ自分の都合でどちらかの市場を利用していたので、上井駅には両方の市場から迎えに来ていた。市場を利用するには、一万円程度の出資金が必要だった。

増子さんが利用していたのは、倉吉魚市場だった。迎えのトラックの荷台に仲間と乗って、

倉吉線と増子さんの行商先

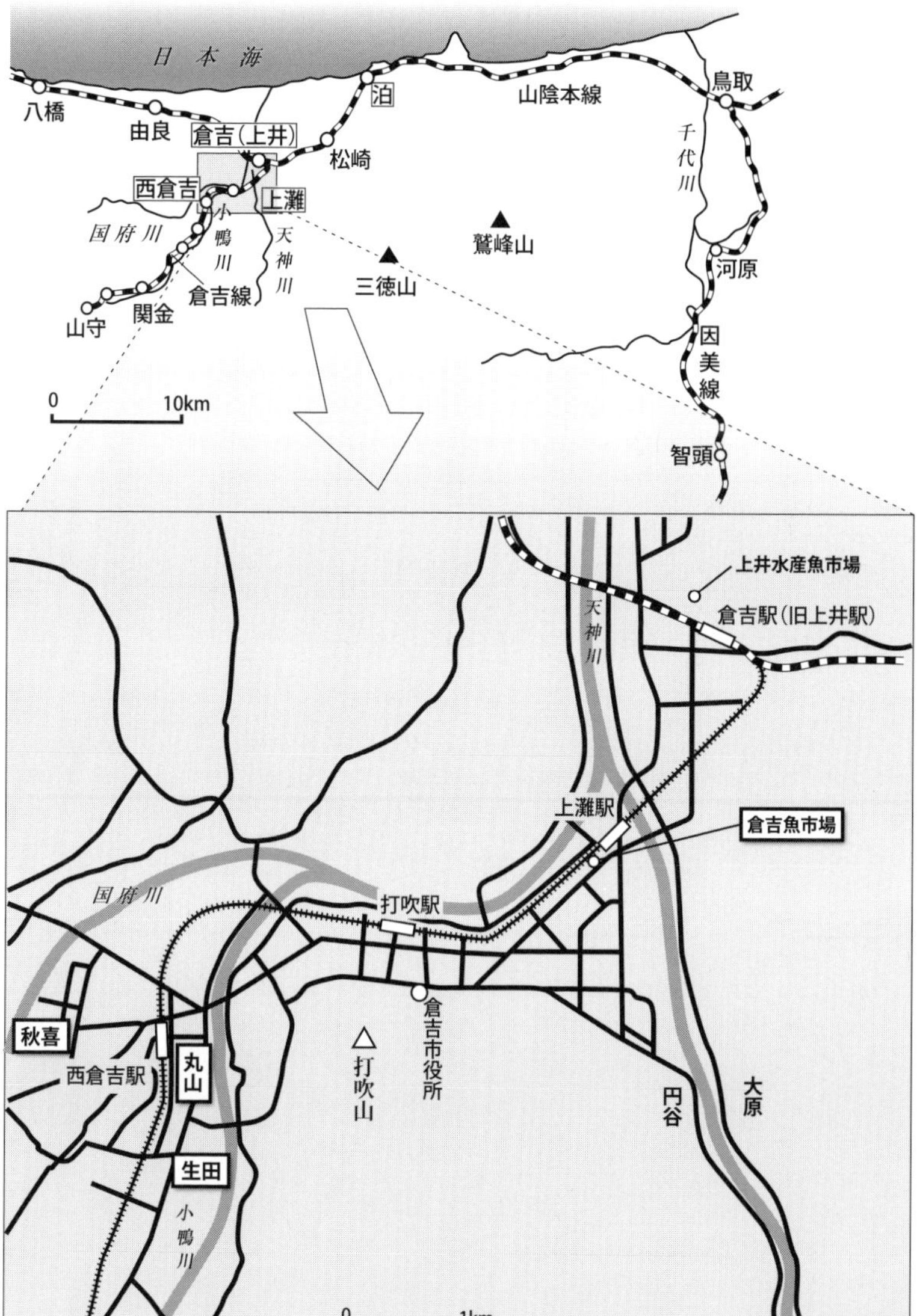

市場まで行く。だいたい六時ごろである。市場には、県東部の賀露や、そのさらに東にある兵庫県の香住のあたりからも入荷するので、泊にはない魚介類や加工品などがいろいろ集まっていた。冬場はとくに泊では漁が少ないため、市場で荷を揃える必要があった。

焼サバやヘシコ、茹でたカニなどを、アキンドに売るためにやってくる者もいて、汽車の中で直接やりとりする場合もあった。

「居組《いぐみ》から、アキンドがワカメやら、焼サバやら、カニの茹でたのをカンカンで持ってきよった。そん人らは、冬でないと来ない。冬は泊は海が時化るからな。毎年決まった人が来る。また今年も頼むでな、って言ってな」

居組とは、現在の行政区分でいえば、兵庫県美方郡新温泉町。県境を越えてすぐのところにある漁村で、山陰線の居組駅がある。ここの魚のアキンドが、やはり汽車で鳥取方面へ来て、駅前の太平マーケットに店を持っていたという話を別のところで聞いたことがある。居組出身のある漁師は、戦後すぐ、まだ子どもだったころに、とった魚をアキンドに売って小遣い稼ぎをした覚えがあるという。ヤスで刺した穴が大きいといって、女のアキンドから買いたたかれた、と思い出を話してくれた。

居組から倉吉近くまで来るとなると、けっこう距離もあるし、時間もかかる。もしかすると、鳥取市内のあたりはもうアキンドの飽和状態で、さらに足を延ばさざるを得なかったのかもしれない。それにしても、冬場の漁閑期をねらって魚を売りに来るとは、なかなかに商魂たくましい。

増子さんたちもアキンドなら、そうやって汽車の中でアキンドに物を売る人もまたアキンドである。泊の先の松崎からは、東郷湖のフナを担いだアキンドが乗ってくることもあった。この人たちは、倉吉の店に品物を卸しに行くのだが、汽車の中でアキンドにも売っていた。山陰線の汽車は、東西のアキンドが相互に出会う場でもあった。

「時間が早くて、市場のセリにはおられん。セリが始まるまでの朝のうちに、ニドリっていってな、市場の人がいんなるだけえ、それもらっていくですが。〝サバなんぼぐらいすっだか〟、〝なんぼぐらいだで〟、〝そんなら三個もらっていくけえな〟。こんなやにして、仲買を通さんでも、直接もらって行くです。ちゃんと帳面に書いといてくれる。〝なんぼぐらいだらあか〟、〝今日はなんぼぐらいだらあ〟ってな。泊から行くアキンドはだいたいそうやってた」

ニドリとは、荷取り、すなわち荷物先取りのことである。市場に着く時間が早い増子さんたちは、競りが始まる前に、市場の人に頼んで荷をわけてもらっていた。どういう魚がどれくらいの量必要かを伝え、用意してもらう。魚はたいてい箱単位で買った。仕入れた品物の代金は翌朝来た時に市場の人に聞き、その場で支払った。一方で、自動車で売ってまわるアキンドは、競りに参加して仕入れていたようだった。そうすると、ニドリは汽車を使ったカンカン部隊の特権だったともいえる。

漁村からの行商というと、一般的には、漁師の夫がとった魚を妻が売り歩く、というような分業を思い浮かべがちである。ところが、泊では戦前からすでにそうしたことはほとんどなく、地元の市や倉吉の市場で仕入れることが普通だった。増子さんも「アキンドは、漁師がとったものをそのまま売る（漁師から直接仕入れて売る）、ということはなかった」という。ただし、増子さんの場合は、時折夫がフグをとってくることがあり、それだけは売ることがあった。欲しい人は、増子さんに頼めば用意してくれることを知っていて、電話で注文してきたという。このフグは、地元でキンブクとよんでいて、毒がないので安心して食べられる。時期が夏場に限られており、小ぶりな方が客に好まれることもあって、夫がとったものがないときには他の漁師から直接買って売った。

市場で仕入れがすむと、カンには生の魚を入れた。魚が傷まないよう、底にサナという竹製のスノコが敷いてあり、その上に魚を並べて氷を入れる。さらにその上にカケゴを置き、別の種類の魚を入れて蓋をする。カケゴは木製で、一〇センチほどの深さがあり、カンの縁にひっかけて使う。カケゴを入れることによって、カンの中が二段になるのである。このサナやカケゴは増子さんの夫が作ってくれた。カンの底には栓があり、溜まった水をそこから抜くことができるようになっていた。こうしたカンのしくみは、先述した鳥取県魚介類行商条例に定められた容器の仕様に合わせたものである。

「カンカンに入る分は入れて、入らない分は、ニカワかけたカンの上に積んでな、ひょいと紐かける。市場の人がな、男の人二、三人に、〝ちょっと来て、てごしたって（手伝ってやって）ごせな〟っていって、両方から持ち上げてごしなる。で、そこに肩入れる。魚の上にミカン積んだり、海苔積んだり、なんでも持って行きました」

上井駅前の行商人
（昭和 29 年、倉吉市　米原季雄氏撮影）

ニカワというのは、布で編んだ肩紐のことで、このあたりでオイコとよばれる背負い籠につける。芯にロープが入っていて、その外側を包むように編むのである。ニカワは自分で作ることもあるが、専門に作る人がいて、増子さんは売られているものを買っていた。

蓋をしたカンをニカワでくくり、その上に追加で仕入れた魚箱を二箱ばかり、汁がにじみ出ないようにナイロンの布で包んで載せ、海苔や乾物、ミカンなどの箱をさらに積んで紐をかける。それらの荷を背負い、市場から倉吉線の上灘駅まで歩いて行くのがたいへんだった。

「ベタ（地べた）からはよう負わんだけ、男の人が両方からさげてごしなる。〝おまえ、これ負うだか、どんな力しとるだいや〟っていいなる。〝力で負わせんがな、コツで負うだがな〟ってな」

魚を入れたカンの上に、さらに何段もの箱が載っているのだから、その重さは相当なものである。手伝う男衆が驚いてしまうほどだが、小柄な増子さんであっても、コツさえつかめば負うことができた。そのコツは、荷物の積み方にある。一番下にやや重いもの、真ん中にはしっかりと重いもの、そして一番上は比較的軽いもの。そうやって積むと、荷物が安定して担ぎやすくなるのである。

倉吉線の車両には、入口にステップがある。上灘駅から汽車に乗るとき、荷物は車両の中に入れてしまわずに、段になったステップの下に置く。こうしておくと、目的の駅についたとき、そのままホームに引っぱり下ろせるからである。各自の場所はとくに決まってはおらず、空いているスペースをみつけて荷を置いた。

倉吉線には、八橋《やばせ》（東伯郡琴浦町）のちくわ屋が、やはり上井から乗り換えて乗車してきていた。倉吉の市場や、この先の打吹駅《うつぶき》（昭和四十七年までは倉吉駅。倉吉の中心市街）周辺の商店に品物を卸すために乗ってくるのだが、汽車の中でアキンドにもちくわを売っていた。そのちくわ屋も、アキンドそれぞれで懇意にしていた相手があり、増子さんも初めは、母親からちくわ屋を紹介してもらった。そのうち自分で相性のよいちくわ屋をみつけ、毎回取り引きするようになった。上灘から打吹までの一駅の間に、ぱっぱと手早く取り引きする。買うものは、ちくわの他、コロッケやてんぷらなどだいたい決まっていた。こうした惣菜は、得意先に売るだけでなく、西倉吉の駅前で増子さんの到着を待っている学生や勤め人などがいて、弁当用に売ることもあった。

汽車の中で、ちくわ屋から買ったばかりの温かいちくわを自分でも食べながら、七時ごろに西倉吉駅に着く。荷をホームに下ろし、駅近くの民家に預けてあるリヤカーをもってきて積みかえ、そこからはリヤカーを引いていく。カンの水を抜いて荷台に置き、他の魚箱なども荷台に並べて、商売に出た。

増子さんは、西倉吉の秋喜《しゅうき》、丸山、生田のあたりに得意先を持っていた。西倉吉駅を起点にすると、おおよそ半径一キロほどの範囲である。ここをまわり、再び駅に戻るのが一一時ごろで、帰りの汽車に乗って自宅に帰り着くのはだいたい昼ごろであった。

市場が休みの日は月に二回くらいあったが、それ以外は日曜日も関係なく、毎日商売に出た。他の休みは、元日とその翌日くらいで、一月三日が売り初めだった。

「盆は、（八月）十四日と十五日は魚が一番よう売れるだで。お客さんが都会から戻ってきなるだけえな。盆は稼ぎどき。たいがい売り切れますわな」

暮や盆の季節は、どの家でも帰省客を迎えるので、もっとも魚が売れる時期だった。

リヤカーで売ってまわるときには、キンリョウ（棹秤）を使い、フウタイカゴとよぶ入れ物に魚を入れて計った。例えば、サバやアジの場合は、キンリョウで計る。一本（匹）単位で値を決めると、初めのほうの客が選んで買ってしまい、後のほうになると「クズだな、まけなれ」と値切られてしまうからである。小さな魚の場合は、一列につき五〜七匹が箱に並べてあり、その一列を「ひととおり」とよんで、「とおりがなんぼ」という形で売った。

仕入れるときは箱単位で買うので、これを目方や「一本」、「とおり」などと換算するのはすべて暗算であった。そのため、おのずと計算は速くなった。いつもチャック式のポケットがついた前掛けをして、他に車掌さんが持つような四角い小さなカバンを持ち、現金はその中にしまっていた。前掛けのポケットには帳面を入れておき、必要に応じていろいろと書き付けるのに使った。

売りに行く先にはたいていい小さな川があり、当時は水がとてもきれいだった。商売があらかた終わると、そうした川でカンを洗い、リヤカーの上に伏せておく。駅に帰り着くまでには乾くので、ちょうどよかった。

リヤカーは自分で手に入れて、西倉吉駅近くの心安くなった家の納屋に預かってもらっていた。帰りの汽車の時間が迫ったときなどは、「おばさん、とろいといてえな」と頼むと、リヤ

キンリョウでフウタイカゴにのせた魚を計量する泊の魚アキンド
(美須しずえさん、昭和 50 年代ごろ、倉吉市　米原季雄氏撮影)

カーとキンリョウをちゃんとしまっておいてくれる。そうした家とは、特に契約をしているわけではなく、なにかと付け届けをしてお礼にかえていた。

得意先の開拓、競争

増子さんがアキンドを始めたころは、すでに泊から大勢のアキンドが商売に出ていた。母親にならって西倉吉駅を拠点にしたが、駅周辺はすでに古参のアキンドの売り場になっている。そこで、駅から離れたところに売りに行ったが、当初は荷が残ってしまった。

「よう売らんときはな、駅に戻るとお母さんがおんなる。〝お母さん、魚が残ったで〟、〝なにが残っとるだ？　出せ出せ〟っていってな、(駅の近くの母親の得意先に)〝こんな残ったけえ、買っといたってえな〟って売ったんなりよった。(得意客も)〝出しなれ、おばさん〟って、買ってごしなりよった」

売れずに西倉吉駅まで戻ってくると、母親が自分の顔が利く得意先に行って、残った荷をさばいてくれた。その後、商売に慣れてからはそういうこともなくなったが、荷が残ったときにはそのまま持ち帰ることはせず、自宅で食べる程度を残して、得意先に「こんなクズだけえ、取っといてよ」と言って置いて行くなどした。

増子さんの場合、実の母親がアキンドだったことから、商売のノウハウを教えてもらうなど、さまざまなサポートを受けていたことがわかる。

一方で、他村から嫁に来た場合も、別な形でやはり実家が支えになったようだ。

倉吉の南東、三朝《みささ》に近い大原《おはら》という農村出身のある女性（大正十四年生まれ）から聞いた話では、三十歳になったころの三月十六日に初めて商売に出た。ヒメアジを市場で一箱仕入れてカンを背負い、あてもないのに倉吉の方に売りに行った。ところが勝手がわからず、まったく売れないまま、荷を残して戻った。日付をはっきり覚えているのは、その日がそれだけ印象深かったからである。ひとつも儲からず、くたびれて、家に帰るなり布団を敷いて寝てしまった。

初めのうちは、そうやって帰っては寝てしまうような日ばかりだった。この人の場合も、新参者はやはり、他の人が行かないような駅から遠く離れたところに売りに行くしかない。そこで、当初は倉吉線の上灘駅から下田中、円谷《えんだに》を通り、実家がある大原の方まで荷を背負って売り歩いた。上灘から大原までは、二キロほどの道のりだった。大原にも、他のアキンドが売りに来ていたが、行くと実家の親が心配して、よく買ってくれる家には酒を届けるなどの気遣いをして支えてくれたという。

そのうちに、自分でもいろいろと方策を考えるようになった。初めの十年ほどは、実家がある在のほうへ背負って行ったが、その後リヤカーを買い、飲み屋などがある町場中心に行き先を変えた。大勢の人がいる事務所のようなところを売り場にしたり、単価の高いものを品揃えの中心にして、少ない荷で儲けが出るようにしたりと、工夫を重ねて自分なりの売り方を身につけた。この人の場合は、子どものころからあまり力仕事をした経験がなく、たくさんの荷を負うことができない。そこで、イワシやサバなどの生魚を箱ごと背負うような売り方ではなく、カニや値段の高い魚を少量持って行く作戦に変えた。当然ながら仕入れにも元手がかかり、リスクも大きかったが、売れれば儲けになった。

このように、得意先の開拓には誰しも苦労したが、人によっては年をとってやめる人から売り場を譲ってもらう場合もあったようだった。そうしたときには、その人について行き、得意先で紹介してもらったという。

増子さんに、自力で得意先を確保する方法について聞いてみた。

「気が合う、っちゅうかな。いっぺん行ってみて、〝いらん、いらん〟ちゃなん家にはもう行かんけえ。〝おばさん、なに持っとんなるか。あんた初めてだな。また明日持って来なれ、待っとったげるけえな〟って、そうなんがトクイになるですが」

商売にはやはり相性があり、行ってみないことにはわからない。訪ねたときの感触で、得意先が決まっていく。重い荷を背負うのと同じように、コツがあるのだろう。

得意先には、毎日のように顔を出していた。家によって違いはあるが、買う家では毎日でも魚を買う。「昨日はこれだったから、きょうはこれ」といった具合に、違う種類を連日のように買うのである。

そうやって通ううちに、その家ごとの事情がだいたいわかってくる。

「この家は何人家族で、勤め人がなんぼある、弁当なんぼ持って行く、わかります。家の人と話しよるとわかります。ちくわ類を買う家もあるし、弁当持って出る家でも、てんぷらやらはちょっとも買いならん家もあるし、いろいろですが。（仕入れは）そいなんも考えて買います。今日はコロッケはいけんがや、とか、土曜日だけえ、帰ったら子どもがおるけえ、ええだろうとかな」

得意先の家族構成や好みが把握できると、仕入れのときも、なにをどのくらい仕入れればさばくことができるかがわかるようになる。無駄がなくなり、残す荷も少なくなるのである。

そうなるには、どの程度の経験が必要なのだろうか。

「半年ぐらいかな、と思いますな。半年ぐらいせな、飲みこめん。飲みこめらあ、もう、うまいもんですわいな」

増子さんの得意先は、先述したように、西倉吉駅周辺の秋喜、丸山、生田という範囲を基本としていた。ただし毎日のことなので、秋喜を中心にまわる日と、丸山を通って生田の方まで行く日を交互にする。ふたつのコースを基本にしながら、たとえば秋喜から一旦駅近くの岡田方面へ寄ってから丸山の方へ行くなど、日によって道順を変えてまわることもあった。あるいは、秋喜に行かない日であっても、客の方が西倉吉の駅で待っていることがある。増子さんがいつ、どの方面へ売りに行くかを、客の側でも把握していたのである。

得意先を確保できるようになったころでも、それ以前から来ていたアキンドと鉢合わせになることがあった。どこから来ているかは知らないが、自転車で来る男のアキンドだった。

「〝なんだお前は。ここは俺の売り場だぞ、お前はどこぞに行って売れ〟っていいなるけえな、

〝なに言っとるだいな、おっつぁん。お前も免許（登録証）持っとんなるだけど、おらも鳥取県じゅう売る権利、持っとるだけえな。買う、買わんはこの家の勝手だけえ、お前も来なれ。おらも来るけ〟ってな。負けりゃあせなんだわ。初めはケンカ腰だわな。それを負けとったら、もう商売にならん」

この男は、何日かに一度、たまにやって来る程度だったようだ。増子さんの強気は、頻繁に得意先に顔を出している自分が負けるはずはない、という自信に裏付けられていた。このときは増子さんの勝ちであった。それからしばらくすると、その男は来なくなった。

武勇談はまだある。

自動車で安く売ってまわる魚屋が、増子さんの得意先がある一角にやって来た。こういうときは、自分のリヤカーをひとまず脇に置いておき、真っ先に自動車の魚屋のそばに行く。そしてなんと、客寄せをする。

「はやはや来なれ、こんなん安いで。買ってみなれ」

やってくる客のなかには、もちろん増子さんの顔見知りがいる。そうすると客のほうが驚いて、増子さんに「（自分の商売は）もう済んだんか」と聞く。ここからが、勝負である。「済ませんで。そこにえっと積んであるがな」と、置いてあるリヤカーをさす。すると客は「なら、いんどるけえ（家に帰っているから）、持ってきないな」と言って家に帰ってしまうのである。

自動車の魚屋は、安さと品数の多さが売りである。一方で増子さんの場合は、品数はさほど多くはないかわりに、客の好みなどを考え厳選した商品を持ってきている。当然、値段もそれなりに高い。商売の戦略がそもそも違うのだ。だから無理に対抗するようなことはしない。逆手にとって客を誘い出し、客自身に判断を委ね、その場で商売の約束をとりつける。同時に、自分で歩きまわりながら注文をとる手間と時間も、上手に省略したというわけだ。こうなると、もはや頭脳戦である。増子さんにすっかり利用された魚屋はあきれて、「お前は、ほんにうまいこと売る。お前がここにいたら魚が売れんけえ、いぬるわい」と言って他へ行ってしまった。

こうした話からは、たとえライバルと鉢合わせしても後に引かない意志の強さとともに、増子さんと得意客との間に存在していた、ゆるぎない信頼関係を感じさせる。

「リヤカーは、こまい道にも入る。車は入らんけえな」

日ごろから、小さな路地をまめに歩くことでかち得た、信頼関係なのである。

そして、その信頼関係の根幹にあったのは、「泊」という増子さんの出身地だった。

「うちらは、なまもん（生物）な、泊から買って持っていくけえ。しなもん（品物）が違います。（得意先でも）待っとんなる。カンカンにも、ちゃんと〝泊〟って書いてある。〝泊　伊藤〟ってな」

自転車や自動車で売りに来ていたアキンドは、いずれも泊の者ではなく、卸売市場から仕入れたものだけを持って来ていた。増子さんの場合は、泊の新鮮な魚が荷の中に含まれており、これがなによりの強みだった。だからこそ、他のアキンドに対しても強気で臨むことができたのである。値段が少々高くても、品数が少なくても、「泊の魚」はそれだけで価値があった。荷を入れるカンに書かれた持ち主の居住地と名前は、得意先をまわるときに、泊から来ていることを強調する役目も果たしていた。カンは、看板でもあったのだ。

同じ泊のアキンド仲間であっても、商売上ではライバルになる。当時は増子さんたちの年代が一番の若手であり、先輩たちがたくさん商売に出ているところへ参入したので、風当たりも強かった。あるとき増子さんは、明治生まれの年配のアキンドから「おらっちが若いときは、ワ（自分）の荷物投げといて、年寄りの荷物担っただで」と皮肉を言われた。しかし増子さんはひるまず、「うちらはな、ワの荷物どがにして売らか、っていっぱいだのに、人の荷物どころでないわ。よう持たんなら、行きなはんでええだが」と言うと、その人は「よう言うわ、この子は」とあきれていたという。実際に、戦前のアキンドは、泊の魚だけを持って行くので荷もさほど多くはなかった。倉吉の市場で仕入れて荷を補充するようになるのは戦後のことであり、それに伴ってカンの上にさらに魚箱を載せて背負うような大荷物になっていったのである。

「しょうからい」という表現が、このあたりにはある。性が辛い。つまり、負けず嫌いで向こう気の強い人のことである。

アキンドをやる人は、たいていが、しょうからい。けれども、「しょうのからいようなもんのほうが、情があってな」という話も耳にしたことがある。だからこそ、得意先とも信頼関係を結び、長く商売ができたのだろう。

泊では、六月から十月半ばころまで、シイラがよくとれた。シイラ漬というこの地域特有の漁法が古くからあったことは、先述したとおりである。

シイラの季節

シイラは鮮度が落ちるのが早い。そのため、冷蔵設備が整っていない戦前には、沖でシオキリ（塩蔵処理）をしていたほどだった。腹を割り塩をするが、内臓は塩辛などに加工するのに需要があったので、ワラでくくって別にしておいた。二艘一組で操業し、一艘が港に帰るともう一艘は沖に残る。シオキリしたシイラは、大八車で作州の方へと運ばれていった。

戦後は冷蔵設備もでき、生で持ち帰るようになった。シイラ漁の船は昼に戻ってくるので、港の市が午後二時か三時ごろに立つ。そこで、午前中で商売を終えたアキンドたちが再度シイラの市に来て荷を仕入れ、もうひと往復売りに行くということをしていた。

「朝から商売に出て、昼前には戻りよりました。ごはん食って、ちょっとタバコ（休憩）して、そって二時か三時にイチが立つですけえ。シイラ買って、三時なんぼの汽車で行くですが。バンウリ（晩売り）っていってな。シイラはすぐに持っていかんと、明日売るということができん。朝、魚持って行くだけど、ちいとにしてな。昼からシイラ持ってくるけえ、って、晩の刺身にちゃんと何軒か約束していくですが。シイラ持って来たら置いといてよ、っていいなるところもあって、留守でも置いとく」

こうやって、シイラの季節にはよく、西倉吉まで一日二往復した。鮮度が早く落ちるシイラは、仕入れてからすぐに売りに行かなければならない。昼過ぎに港に上がったシイラを、晩の食卓用に運ぶ。港と駅が比較的近い泊だからこそ、こうしたことも可能であった。

シイラは、最大で全長一〜二メートルほどにもなる大型の魚である。だが、仕入れるときには大きなものではなく、カンに入る程度の小ぶりのものを選んだ。

「あまり大きなんは、買いにくいけえな。カンに入るようなんなら、一本て買いなはるのにちょうどええ。ガイ（大きい）なのはな、おろして、四つに切る。骨のついた尻ぼと骨のつかん頭と、組ませるですが。ほで、二軒に売るです。（注文した家が留守の場合は）新聞にでも包んで置いときました」

売るときは、一軒につき一匹が基本だが、大きなシイラが手に入った場合は、二枚におろし、半身をそれぞれ真ん中で切って、骨がついた頭部分と骨のつかない尾の部分を一組、骨がつかない頭部分と骨がついた尾の部分をもう一組という具合に組み合わせて、二軒に売った。午後シイラを売りに行った日は、家に帰るのが夜八時ごろになった。

シイラの食べ方は、刺身がほとんどで、アラを煮て食べることもした。地元の泊でも、夏の最盛期のシイラは刺身で食べたが、漁期が終わる十月半ばごろにとったものは、シオキリをして、正月用に保存した。

大きなシイラの腹を割って内臓を出し、三回くらい塩をする。押しをして水を出し、塩をきりなおして、粟のワラで包んで吊るしておく。そうすると春くらいまでもつ。ワタ（内臓）は

伊藤増子さんと増子さん愛用のカン
（平成 26 年 12 月）

イカのワタを入れて塩辛にする。それを大根と一緒に煮たりもした。

吊るしたシイラは水気もなくなるので、食べるときには水に戻し、塩抜きをしてから水煮にした。塩抜きしただけでも、けっこう脂が乗っていて、そのまま食べることもあったが、長期間にわたって食べるため、しまいには飽きてしまったという。

ここで、泊における日常の食生活についても、簡単に触れておきたい。

泊には水田がほとんどなく、かつては米の飯を食べるのは祭りのときくらいのものだった。麦やサツマイモは、畑がある家ではたいてい作っていたので、日常は麦飯かイモ飯だった。味噌も麦味噌である。サンドさんに頼んで倉吉のほうから麹菌を買ってきてもらい、家々で協力しあって順番に味噌を作る。その際、ムシロ一枚分くらいの麹をとっておき、味噌つきの作業を手伝ってくれる人たちにふるまった。

畑には、麦とサツマイモを交代で植えた。初夏に麦を刈り取ると、浜に行き、カラサオを使ってみんなで麦落としをする。各家にはさほど広い場所がないので、浜が共同の作業場だった。麦落としが終わったあとの麦わらは、たいていが浜で燃してしまうが、まだ残っている麦わらには、ちょうどよい使い道があった。子どもたちが海に泳ぎに行くときに、この麦わらに足をつっこんで、スキーのようにして浜を歩くのである。熱くなった砂浜の上を歩くのに、麦わらはうってつけだった。麦が終わると、すぐにイモを植える。天候によって麦の収穫が遅くなる年には、麦の間に植えることもあった。

十月二十三日に灘郷《なだごう》神社の祭りが終わると、イモオコシといって、イモの掘り出しをする。

庭いっぱい山のように掘ってきて、床下にあるイモガマという貯蔵庫に入れた。そうやって貯蔵するので、イモは一年中あった。以前は、山の上の方まで畑が耕してあり、そこでみんなイモを作っていた。そのため、網代や田後などの畑が少ない漁村の人が、親戚を頼って船で買いに来るほどだった。祭りのときには、家々でたくさん甘酒を作る。イモオコシの間は、その甘酒を飲むのも楽しみのひとつだった。イモを負うて戻っては甘酒を飲み、そうやって十一月初旬までイモオコシをした。

畑仕事は女性だけでなく、とくにイモオコシや麦まき、下肥のタゴを担ぐなどの力仕事は、男性も漁を休んで従事した。このほか、ガスが普及する以前、戦後しばらくまでは、燃料用のシバキを集めるという仕事があり、これは主に女性の仕事だった。

シバキは、山主なら自分の持ち山でとるが、山を持たない人が多いので、近くの山で枯れ枝を拾う。松林が多く、落ち松葉もいっしょに拾った。松葉を重ね、途中に枯れ木を置き、それを何段か重ねてニカワをかけて背負って帰る。浜にも松林があり、これは誰が立ち入ってもよいことになっていた。そうやって集めたシバキは、風呂焚きや台所の焚きつけに使った。枯れ枝や落ち松葉を拾うと、山の掃除にもなった。そのため、山の持ち主からも文句を言われるようなことはなかったという。

さまざまな交流

増子さんは、倉吉線が廃線になるあたりまで、二十年以上アキンドをしていた。毎日会う倉吉線の車掌や駅長たちとも、すっかり顔なじみである。

「（倉吉線の）汽車に乗って、八橋（のちくわ屋）が来なったら、ちくわもらって食う。ぬくいのはうまいけえな。そしたら、〝うまげだな〟って車掌さんがいいなる。〝座って食ってみなれ、うまいで〟って、慣れちゃってな、車掌さんも。〝ならひとつもらっていくかいな〟って来るようになった」

車掌は初めこそ遠慮していたが、毎朝のことである。そのうち慣れて、いっしょに食べるようになった。

西倉吉駅の駅長は、同じ泊村出身の人だった。冬の早朝、まだ日が上らないうちに駅につくと、駅長が火に当たって行くよう勧めてくれる。しばらく暖まり、夜が明けてから売りに出た。帰りは帰りで、得意先をまわって駅に戻ると、一一時過ぎの汽車ぎりぎりになることがある。

「商売すんで戻ると、西倉から汽車が発つだけな。一一時のな。〝駅長さーん〟って車投げといて駆けっていったら、〝おーい〟っていいなる。そでまた駆けって荷物とろいてな、カンカン負うて行くまでに、駅長さんは汽車のほうをセナにして、私が下りてくるのを待っとんなる。駅長さんが手を挙げな、汽車は発たれんだけえ。そが見てな、運転手がぐずっとったで」

地域に密着した軽便鉄道ならではの光景である。

得意先の客とも、長年のつきあいとなると、さまざまなふれあいが生まれる。

早い時間帯にまわる秋喜のあたりでは、まだ家に人がいるので、通常のやりとりができるが、勤め人が多い丸山や、農家が多い生田の方へ行く時間になると、みな仕事に出てしまっている。

「魚はめったなこって、さばかせんけど、もう用事がないと思ったら、さばいて冷蔵庫に入れといたげる。〝魚おいてあります〟って書いて冷蔵庫に貼ってく。〝サバがあります〟とか、〝ミカン置きます、なんぼぐらいです〟とかな。信頼だな。時間があって、今日は煮といたらかい、と思って煮といたげることもある。そいたら、〝おばさん、魚がないだがなんだらあか、と思ったら、煮てあります、って書いてあったけえ、鍋の蓋はぐってみたら、やっぱりおばさんの煮たのはうまいわ、助かった〟ってな。（得意先のほうでも）〝今日は魚置いといてください〟とか〝今日はいりません〟とか、冷蔵庫に貼ってある。前は、魚でも川から洗ってな、ええ川が流れとったけえな。こまいけど、きれいな川。しごして（下ごしらえして）洗ってな、置いといたげたり、醤油入れて煮といたげたり」

冷蔵庫を伝言板がわりにしたやりとりが、なんともほほえましい。

仕事に出て留守の家では、表玄関は閉まっていても、裏から入れるようになっている。増子さんは冷蔵庫を確認し、その家が必要とする魚を置いて行く。時間があれば魚をさばいて、調理までして帰ることもあった。包丁や鍋、調味料は、当然その家のものを使う。仕事の帰りが少し遅くなったりしたときに、魚が煮てあって助かった、と喜ばれた。丸山には工場があり、そこへも売りに行った。工場には冷蔵庫がある。帰りに魚屋で買い物をしなくても、帰ってすぐ煮て食べれるからと、勤め人が夕食用に買ってくれた。

留守の多い家では、支払いは月末払いか、在宅しているときにまとめて払ってもらうことになる。帳面に書きとめておき、ある程度まとまったところで支払ってもらった。

「家によったらな、お金置いてあるとこがあって、こん中から取っていってな、（つり銭を）また入れとくですが。財布を預けている人もあった」

こうなると、信用以外の何物でもない。ほとんど家族同然である。

農家が多い生田のあたりでは、荷が残ると、田に出ている人のところへ行って「買ってえな、置いとくけえ、持っていんなれ」という。すると、「置いとけそこに。配っといたるけえ」と言って、適当にさばいてくれる。翌日行ったときに、どの家に売ったかを聞き、代金をもらった。

他にも、正月前に海苔のビンを商品に加えて持って行き、「里に行くとき、こんなん持って行くだ。空手で行くでないで。菓子やまんじゅうはいらんけえ、こんなもんがええだけえ」とその家の嫁にアドバイスすると、喜んで買ってくれることもあった。

こうしたことは、商売上のサービスの一環としても位置づけられるが、さらには、金銭を全く介さないやりとりにまで発展することもある。

行く先々でにぎりめしを用意していてくれたり、イチジクや熟柿《じゅくし》、時には松露《しょうろ》といった珍しい食べ物を分けてくれたり、祭りの日には赤飯をもらったりもした。寒い日に、牛を飼っている家で飲ませてもらったしぼりたての乳の温かさも、心に残っている。正月前のよく売れる時期になると、生田に行くころにはすでに魚がなくなってしまうことがある。そうしたときに、「あら、おばさんもう済んだんか」と声をかけられ、「あがって行きないな」と言われて、その家で道具などを洗わせてもらい、お供えの餅をもらって帰ったこともあった。

同じく正月前の生田では、おじいさんたちが四〜五人集まって正月飾りを作る。「うちの飾りもこさえてえよ」と頼むと、「おお、なんぼいるだいや」と必要な数を作ってくれる。これも代金を払うのではなく、「食いないな」と言って、ちくわやてんぷらを置いていった。

農家が田植えで忙しいころには、よく子どもを預かってやった。その地区をまわる一時間ほどの間、リヤカーに乗せて連れて歩くのである。三歳くらいのやんちゃ盛りは、ちょろちょろ動きまわって目が離せない。そんな年ごろの子は、リヤカーに乗ると大喜びである。田植えに出ていた母親が「ようこそ、ようこそ。済んだいな」と迎えに来ても、「いなん（帰らない）、もっと乗っとる」というくらいにご機嫌で、翌日は隣の家、そのまた翌日は別の家と、次々に頼まれるほどだった。

いつも魚を買ってくれる得意先のご主人が、若くして亡くなった。年寄と女子どもだけになってしまい、奥さんが「おばさん、もう魚買えんわ」という。魚が好きな子どもだったので、「こんなん、置いといたげる。あんちゃんが大きいなったら、払えるときにごしなりゃええだけえ」と、残った魚を置いていくようにした。やがてその子が成人し、給料をもらうようになったとき、本当に「魚屋のおばさんに払ってごせ」と母親にお金を渡したという。

その一方では、てんぷらなどをむやみに欲しがる子どももいる。近所のおじいさんが「やってやれ」と口を挟むのへ、「やってもええけど、毎日はいけん。こっちも商売だけえ。この子が悪うなったら、お前のせいだで。いつでももらえると思うけえな」と釘をさしたところ、母親からは、「よう言ってくれた」と感謝された。

お客さんにもいろいろな人がいて、カケ（ツケ）にしたまま、まったく払ってくれないところもある。世間の厳しさと人情とのあいだを渡り歩くような毎日のなかで、増子さんの忍耐力や判断力も鍛えあげられたのだろう。そしてそれが、究極には、子どもの成長やしつけにまで影響を与える。アキンドは、人を育てる仕事でもあるのだ。

稼ぎとやりがい

「はじめは、お母さんがおいなるだけえ、って思って行きよりました。親が行ってたから、したくもない、とは思わなんだ。だけえ、魚持って戻っちゃって、売ってもらったり。それからだんだん慣れて、しまいにはおもしろなってな。〝今日、これぐらい持って、イカ買ってごしなろうや〟って考えたり、汽車に乗っても、車掌さんや駅長さんとのやりとりもええしな。（お金を稼ぐことは）楽しいで。（商売先から駅に）戻ったら、汽車ん中でもみんなが勘定すっだが。（お札を）延ばして、数えて、お腹入れて。前掛けにチャックつけたのと、カバンっていってな、四角な、車掌さんが持ってる、あがな持っとったわ」

増子さんがアキンドを始めるにあたっては、なんらかの仕事をすることが当然という、この地域に共通の認識があった。そうして選んだアキンドは、大変骨の折れる仕事ではあるが、結果的にやってよかったという感想を持っている。

増子さんの同年代で、三人の子どもを持つ泊の女性は、三十歳ごろから三十六年間アキンドをした。会社に勤めるという選択肢もあったが、退職後に厚生年金をもらったとしても、稼ぎはしれている。アキンドをしたからこそ、子どもを育てることができたのだという。

その子どもたちがまだ小さいころ、商売に行こうとすると「ついて行く」というので困った。近くのおばあさんに守を頼み、二歳になると保育園に入れた。当時の保育園はそんな小さな子どもを預かってくれなかったので、何度も行ってお願いをした。

朝、三時半ごろに起きて飯を炊いてから商売に行く。子どもが高校生のころは、弁当を作ってやる時間がないので、枕元に小銭を置いて出かけた。そうやって育て上げ、それぞれ会社に入ったり、嫁いだりして、一人前になった。「なんにも残さなんだけど、子が残った。退職金もなにもない。子どもだけが残った」とその人は言う。

増子さんの夫は漁師だが、五十歳くらいでやめて、一時的にアキンドをした。売る場所は、増子さんと同じ西倉吉の周辺で、自転車を使い、増子さんよりもっと先のほうへ行っていた。その後、無線の資格を生かして漁協に勤め、漁協を退職後は役場の夜警を頼まれて勤めていた。

「最初は、三畳間ひと間を借りとって、そこで暮らして、キダシ出たりしてちぃと楽になって、二階の八畳間を借りた。そでこんど少し楽になって、ふた間ある家を借りた。少ししてアキンド始めて、屋敷買った。最初に畑買って、崖ついて（石垣を積んで整地して）、それから家建てた。お父さんもアキンドしてたときがあった。ふたりで一生懸命な。だけえ、親に屋敷もらったわけでもないし、家を建ててもらったわけでもない。みんな、自分たちでしたです」

結婚後、民家の三畳間を間借りして暮らし始め、それが八畳間になり、次には二部屋だけの小さな借家になり、最後には土地を買って家を建てた。アキンドをしながら積み上げた、夫婦の軌跡である。

家の前の小さな畑には、サツマイモ、大根、ネギ、白菜、エンドウなど、季節ごとの野菜が丁寧に植えてある。田んぼはないが、畑のものは、ふたりで食べるには十分すぎるほどだ。

アキンドをしていたころ、冬場家に帰ると、夫がコタツに火を入れて待っていてくれる。夫が役場の夜警に出るようになってからは、商売から帰った午後、夫のために夕食をこしらえ、それを持って役場に行くのが日課だった。

「会う人がな、〝伊藤さん、今日は寿司かえ?〟、〝ええ〟ってな。アキンドやってたころ、昼には戻っとった。お父さんが昼から（夜警に）出なったけえな、四時半くらいに。五時ごろに弁当持って行くですが。いっつもな、ふたりで晩御飯だ。役場で食べよりました。〝あんたら仲がええな、弁当持ちかえ〟ってな」

夫婦で支え合い、一から身上を築き上げた増子さん。

アキンドの稼ぎは、その場しのぎの現金収入ではなく、長期的な暮らしの構築を支える礎になっていた。しかもその商売は、自らの裁量次第でいかようにも展開させることが可能だった。だからこそ、そこに生きがいを見出し、長年にわたって従事することができたのだろう。

増子さんとご主人の秀政さんは、本当に仲がよい。

確か、三回目の訪問の日だった。山陰の遅い春が巡ってくる三月半ばに増子さんを訪ねると、ご主人が浮かぬ表情である。増子さんの腰が悪く、通院もままならないので、前日に三朝にある病院に入院させてもらおうと出かけたが、満室だと断られて帰ってきた。足だけではない。アキンドの重い荷を長年背負い続けたので、腰の骨がつぶれてしまっているのだという。

ご負担にならない程度にお邪魔することにした。増子さんはコタツに横になったまま、話を聞かせてくださった。いつものとおり、やりとりを再現しながら語ってくださるので、情景が目に浮かび、聞いていて楽しい。早く退散しなければと思いつつ、つい長居してしまった。普段は遠慮して顔を出さない秀政さんが、この日ばかりは何度も覗きに来て、とうとう「もう、ええですかいな。昨日、入院しようか、いうくらいだったですけえ」と障子の向こうから声がかかった。失礼を詫び、あわてて立ち上がった。

六月、どうしておられるかと、顔を見に行った。入梅前のよく晴れた日だった。秀政さんが庭先に出ておられ、「おーい」と増子さんをよんでくださった。

三か月前より、いくらかお元気そうだった。少し太られたかと思ったら、上半身にはめた鎧のようなコルセットのせいだった。これがないと、体を起こしていられないのだという。

軒先に腰掛けて、しばらく話をしていると、増子さんが急に思いついたように、家の中に這って行った。仏間で、がさごそと音がする。再び這って戻った増子さんの手に、大きな貝殻があった。

「タコブネっていって、お父さんが漁師してなったころに、とってきた。これにタコが乗って、すーっと泳いで来るですが。あんたに今度会ったら、あげよう思って、置いといた」

巻貝の一種だろう。繊細な白い半透明の貝を二枚継ぎ合わせたような形をしている。こんな優美な船を持つとは、タコもなかなかしゃれているではないか。

ご主人が漁師をしていたころといえば、もう四十年以上前のことであ

る。それからずっと仏壇に上げて大切にしてこられた宝物だ。おふたりの歴史の一部をわけていただいたような、幸せな気持ちになった。

　タコブネは、ガラスの扉がついた私の部屋の書棚に飾ってある。机に向かうと、いつもそれが目に入る。そのたびに、増子さんと秀政さんは元気かな、と思う。

　泊の港や長い砂浜、肩を寄せるようにひしめきあって並ぶ瓦屋根が目に浮かぶ。

　また、泊に行こう。

泊の港と家並み（平成26年12月）

【昭和30 年前後の上井駅周辺】

上◉昭和 31 年の上井駅前
右下◉倉吉市明治町にて、カゴとキンリョウを使った魚行商
左下◉倉吉線の上灘駅近くにあった倉吉魚市場
（すべて倉吉市　米原季雄氏撮影）

第5章 魚を食べる文化

「伊勢屋」の店先に並ぶ商品
（平成 23 年 8 月、国立歴史民俗博物館　勝田徹氏撮影）

隅々にまで広がる鉄道網と、それを使って、海から離れた町場や山間地にまで魚を届けたカンカン部隊。その足跡を追ってみると、日々の暮らしの中で魚がいかに必要とされていたか、という事実に改めて気づかされる。

日本の食文化において、食材としての魚が占める位置は大きい。

それは単に、今日の家庭の食卓で頻繁に食されるということではなく、人生の節目や、一年のサイクルの中で、魚が象徴的な役割を果たす場合が多くあることに関係する。

たとえば、生まれた子どもの健やかな成長を願って初めて食事をさせる「お食い初め」では、「真魚《まな》祝い」と称して尾頭付きの魚を膳にすえる。祝い魚の代表ともいえるタイは、入学や結婚といった人生儀礼、あるいは神々の祭りの際にも頻繁に用いられる。一年でもっとも重要な行事である正月を迎えるにあたっては、サケやブリなどの大型の魚を食べる習慣も根強い。節分には、イワシの頭を門口に刺し、邪気を祓う。

実のところ、魚が日常の食材となったのは、それほど古いことではない。沿岸部から内陸部へと魚を運ぶ流通網が整う近現代になって初めて、それは可能になった。

だが、魚を儀礼や行事に用いる習慣は、すでに古代から存在する。鉄道も、自動車もない時代、徒歩や牛馬、もしくは船を組み合わせて、数百キロの道のりを延々と運んだのである。

そうまでして魚を必要としたのは、一体なぜなのか。魚が日本人にとって大切だと考えられてきたことの本質が、そこにある。

先人たちが魚に対して抱いてきた特別な思いは、魚を運ぶ道を発達させ、そこを行き交う行

家庭でのお食い初めの膳
（平成元年、中里照代さん蔵）

商人を生んだ。鉄道網が広がり、それを使った集団的な行商が盛んになるのと時を同じくして、それまで特別な日の特別な食材だった魚が、日常的に食するものへと変わった。カンカン部隊の最盛期である昭和三十年代から四十年代にかけては、日本人の食生活においても、大きな転換期だったのである。

前章まで、伊勢湾沿岸、そして山陰と、戦後のカンカン部隊を追って旅してきた。ここではその足を少し休めて、魚を食べるということの国の文化と、その移り変わりを考えてみたい。そうすることによって、カンカン部隊がなぜ生まれ、どんな役割を担っていたのか、より明確に浮かび上がると思うからである。

古代にさかのぼる水産物の流通

『日本書紀』巻第七に、次のような一節がある。

第一二代の天皇で、かの日本武尊《やまとたける》の父とされる景行天皇が、十月、上総国（現在の千葉県）に行き、海路で安房《あわ》の水門《みなと》に入った。その時、覚賀鳥《かくかのとり》の声が聞こえた。容易に姿を見せないといわれる鳥なので、ぜひ見たいと思い、海の中へと入ったところ、大きな蛤《はまぐり》を得た。その蛤を、磐鹿六雁命《いわかむつかりのみこと》がなますにして、天皇に差し出した。この功により、磐鹿六雁命は、その後天皇の御膳をあずかる膳大伴部《かしわでのおおともべ》の役を賜った——。

蛤を景行天皇に差し出した磐鹿六雁命は、「日本料理の祖」といわれる神である。四方を海に囲まれた日本では、古くから、豊富な魚介類が食材として重用されてきた。神話の中に描かれたこの逸話は、そうした日本人と魚介類との切っても切れない関係を、きわめて端的に示している。

ただし、食材としての魚は、漁業をなりわいとする沿岸の村を除いては、基本的に自給がかなわない。そのため、生産地から消費地へと流通することを前提としているところに特徴がある。そしてその流通の歴史は、古代の律令制の時代にまでさかのぼる。

歴史学者の網野善彦は、一般の平民に課せられていた租税、すなわち調や庸などにみられる水産物について、平安時代の『延喜式』や、藤原宮跡、平城宮跡から出土した木簡の記録から検討した（「古代・中世・近世初期の漁撈と海産物の流通」『講座・日本技術の社会史　第二巻　塩業・漁業』）。それによると、水産物を貢納していた国は約五〇か国にもおよび、これをまったく負担しなかったのは、畿内を除くわずか八か国。なかには、志摩や若狭、隠岐など、貢納物のほとんどが水産物という地域もあるという。

代表的な貢納物と産地を種類別にみてみよう。

「鰒《あわび》」が志摩、相模、安房、上総、常陸、若狭、佐渡、出雲、石見、隠岐、長門、紀伊、阿波、伊予、筑前、肥前、肥後、豊後、日向、壱岐の各国から集められている。また「堅魚《かつお》」も、志摩、駿河、伊豆、相模、安房、紀伊、阿波、土佐、豊後、日向など、太平洋岸の各地に広範に分布している。ほかに、「鮭」が越後、越中、信濃などから、「鯛」が志摩、参河《みかわ》、肥後、「烏賊《いか》」が若狭、出雲、隠岐、「久恵《くえ》」が紀伊、「鮒」が筑前から、それぞれ貢納されている。

種類という点でいえば、全体的にむしろ少なく、限られているのだが、これらは神まつりの際の供物や直会《なおらい》での食物として重んじられるものでもあった。単に食料としての需要ばかりでなく、神まつりという儀礼の場でなにより必要とされていたのである。なお、今日でも、のしあわびや鰹節は、神饌《しんせん》や結納品などで用いられるし、タイやサケは、正月や婚礼などの特別な日、つまりはハレの日の行事食や贈答品として欠かすことができない魚となっている。古代の貢納物の系譜は、現代の魚介類に対する価値基準のなかにも生きているのだ。

一方で、調・庸などの税とは別に、天皇家の供御《くご》と節会《せちえ》のために使用された贄《にえ》にもまた、多くの水産物が含まれている。同じく網野善彦の研究によれば、調や庸にはみられない鮎が東は上野・下野から、西は土佐や筑後にいたるまでの二五か国から集められており、ほかに鯛、鮭、鯵、鮫、鰯、鱸《すずき》、鮒、烏賊などがあって、調・庸に比べれば種類が多い。そしてこれらの貢納を担っていたのは、沿岸を拠点とし、漁撈の特権を保証されていた人々であった。すでに九世紀末ごろには、これらの職能的な海民によって、塩や魚などが商われていたとされる。

海民たちは、その後中世の荘園制のもとで、供御人（天皇に飲食物を貢納する人）として水産物の貢納にあたるとともに、魚売りや廻船人になるなど、商人としての性格を強めていくことになる。とりわけ、供御人のなかで魚売りに携わったのは、女性たちであった。女性の職業としての魚売りは、このころにまでたどることができるのである。

ところで、一二世紀末の「彦火々出見尊絵巻《ひこほほでみのみことえまき》」に、中世の海民と思われる人々と当時の漁撈風俗を描いた部分がある。ここには、一人の男がまな板の上で魚をさばき、臓腑を出したものを棚に並べて乾かしているようすがはっきりと描かれている。近代的な輸送手段や冷蔵設備もないこのころ、魚介類になんらかの保存処理を施さなければ、遠距離の輸送にはとうてい耐えられない。つまり、塩物もしくは干物に加工することが、当時の水産物輸送には必至だったのである。

鎌倉時代の末期になると、本格的な貨幣、商品の流通が始まる。それにともなって、職能的な漁撈民である海民も、廻船人、商人、漁民、製塩民へと分業化していくことになる。物資の集散地となる港町も次第に形作られ、たとえば備前西大寺の魚市に魚を納める廻船が、瀬戸内海沿岸の各地で港町をまわりながら、商品となる干鯛や塩鯛などを集荷したようすが記録に残されている（網野善彦、前掲書）。

運ばれたアイモノ

江戸時代になると、それまでとは格段に漁撈技術が発達し、漁場が新しく開拓されて漁業生産が増加した。とくに、農業の発展にともなう肥料、すなわち干鰯《ほしか》の需要が高まったことにより、九州西部のイワシ漁業が開発されたり、房総半島に上方から漁民が移住して、あらたに漁村が形成されるなどした。

また、一八世紀後半には、蝦夷地の漁業開発も本格化する。蝦夷地と上方を結ぶ北前船が頻繁に行き交い、船の寄港地では、魚問屋や在郷商人が活躍して、広範囲にわたる魚の流通網が確立されたのである。

そうした魚流通の拠点となった地域のひとつが、越後の直江津（新潟県上越市）である。ここで海産物商を営んでいた家の方からうかがったお話を、例として紹介したい。

直江津は北前船の寄港地であり、諸国から、塩、砂糖、こんぶ、木材、いござ、瀬戸物、綿、藍玉などのさまざまな物産が運ばれたが、なかでも、越後の西浜《にしばま》や犀浜《さいばま》、越中、能登、そして松前などから運ばれる魚は、取引上とくに重要であった。というのも、これらの魚の消費先は大半が信州であり、直江津の港は、日本海側から信州への門戸としての役割も担っていたのである。

直江津に運ばれた魚は、アイモノとよばれる塩魚であった。アイモノは、「四十物」と書いたり、「合物」「相物」と書いたりするが、中世にはすでにこのよび名があったようである。アイモノの意味は、鮮魚と干物の間だから、という説や、漁期と漁期の間に食したから、という説などさまざまある。アイモノを扱う商人のことを、アイモノヤ、アイモノシなどといい、明治の初めごろまで、とりわけ越後の犀浜（上越市東側の沿岸地域）周辺にこうしたアイモノシが多く住んでいたという。

ただし、江戸時代においては、直江津の港にあがるアイモノの取引はすべて、直江津の南にある城下町、高田の魚問屋が独占していた。直江津の町中で消費されるもの以外は、すべて高田の問屋に送られるしくみになっていて、直江津では魚の加工すら許されない状況だった。そのため、魚の販売権をめぐって両者の間では争いが絶えなかった。

明治の廃藩によって、長年続いた高田の問屋による専売制が解かれる。直江津は、依然として物資の集積地であり、以降信州との魚の取引は、直江津を中心に展開していくのである。

直江津にお住まいの佐藤新治さん（昭和六年生まれ）の家は、四代前のときにアイモノの行商から身をおこし、先代にいたるまで、塩干物を扱う海産物商を営んでいた。もとは柿崎、すなわち先述したアイモノシが多く集まるという犀浜周辺の出で、明治の中ごろに直江津に移り住んだという。

佐藤さんの家に残された古文書のなかに、明治二十六（一八九三）年の「犀浜四十物商組合規約書」という書類がある。これは、アイモノ商の仲間で株をもち、これを積み立てて互いの資金にしようというもので、一株は二円ずつであった。このとき株主として名を連ねているのは佐藤さんの先々代をふくめて九名で、このころにはもはや行商程度の小商いではなく、大きな取引をする商人に成長していたと思われる。

とくに盛んだったのは、やはり信州との取引であった。はやくも明治十六（一八八三）年には、松本方面へサケやカズノコなどの荷を送っていたことをしめす「駄賃帳」が残されている。これは鉄道敷設の前なので、牛馬を使って運搬していたのであろう。

鉄道開通は明治十八年のことで、そのときは直江津―新井間が開通、翌年に関山まで路線が延びた。明治二十六年には上野まで開通し、そのため直江津は、日本海側でも有数の貨物輸送の拠点となった。

佐藤さんの家が直江津に拠点を移したのは、この鉄道開通にともなってのことと思われる。その後は鉄道路線を利用して、信州とのアイモノの取引を以前にまして大規模に展開させていくことになるのである。

かつて直江津の片原町には、大きな海産物問屋が一〇軒ばかりあり、戦争による統制経済がはじまる昭和十五年ごろまで商いをしていた。

どの店も、取引の主軸であったのは、松本や上田など信州に向けた塩干物の商いであった。柿崎から移り住んだ佐藤さんのところでも、貨車一台に荷をぎっしりつめこんで、この貨車ごと取引をするほどの大規模な商いをしていたという。

佐藤さんの問屋では、松本の小売店と取引があった。問屋によっては、松本や上田に中継ぎをする出店のようなものをおいて、ここを介して各小売店に荷をさばいていたところもあったようである。

取引で大きな割合をしめていたのは、北海道のニシンやマス、カズノコ、サケなどであった。明治三十五（一九〇二）年、海産物問屋八軒で「直江津商船株式会社」を作り、そこで「淡海丸」と「春日山丸」という中型の蒸気船を二艘保有して、小樽と直江津間を運行させた。第二次世界大戦のとき、この二艘とも供出させられてしまったが、それまでは北海道からの塩干物はこれらの船で輸送されたのである。

船が直江津に帰ってくるのはたいてい夕刻で、海産物問屋が並ぶ片原町の海岸に荷揚げされる。運ばれてきた商品は、問屋ごとに山積みにされていて、それぞれの問屋から提灯をさげた若い衆がでてきては、目じるしに旗をたてる。その旗と若い衆のよび声をたよりに、女衆《おんなしょ》が浜へ出てきて、それらの荷を倉庫に運びこむ。波うち際からえんえんと敷かれた板の上を、膝までの刺子をはおった脚半に草鞋姿の女衆が、二十貫以上もある荷を運ぶようすは、壮観だったという。直江津港の周辺には、石炭船が着いたときはしけから荷おろしをする女仲士《なかし》たちが大勢いたが、海産物の場合も、陸に揚げる際の荷運びを担っていたのは、やはり女衆であった。大正の初めごろで、二〇〇人以上の女衆がいたといわれる。

問屋仲間ではまた、昭和の初めに「直江津冷蔵庫株式会社」を設立した。巨大な冷蔵庫を保有して、そこにサケやマスなどを保存することがおもな目的であった。とりわけサケは正月の魚として食するため、暮まで倉庫に保管しておくのである。

大晦日に食する魚、いわゆる年取りの魚については、後ほど詳しく述べるが、おおざっぱにいって、東日本がサケ、西日本がブリとわかれる。そして日本海側では、この上越市周辺が東西の境界にあたることが知られている。佐藤さんの問屋でも、正月用にサケを仕入れる一方で、能登沖にブリ網を所有していた。能登の漁師にブリをとらせて、直江津に水揚げし、家のなかのニワとよばれる土間に運びこんで、腹をさいて塩をする。それらの塩ブリは、やはり信州方面に運ばれたという。大正時代ごろの話である。

直江津の海産物問屋は、商品の仕入先である小樽でもよく知られた豪商ぞろいであった。船で鉄道の貨車何台分もの魚を一度に仕入れるような、大きな商いをする問屋は、他にはなかったという。直江津の港にあったレンガの倉庫には、問屋の荷が始終出入りしていた。北越倉庫銀行など、港に入る荷を倉庫に預かり、この荷を担保に荷主に金を融資する銀行もあったほどだった。

そうやって栄えた海産物問屋だが、昭和初期に青函連絡船が就航したことによって、北海道の産物が各地に直接送られるようになり、さらには第二次世界大戦中の統制によって配給会社が設立されると、往時の勢いはもはや見られなくなってしまった。戦後は、配給会社から再び独立し、のれんをあげた問屋もあったが、全国的な流通網の変化もあって、時代にあった商いの形へと変化を余儀なくされた。

取引先の松本方面や、仕入先の小樽には、海産物の商いに関わったことをきっかけに、直江津から移り住んだ人も多くいたという。それらの人びとは、移住先に定着して、新たな生活を築きながら今にいたっている。アイモノが運ばれた道は、同時に人を運ぶ道ともなったのである。

貴重だった魚

国立民族学博物館の共同研究グループが昭和五十八年から行った、現代日本人の食卓文化についての興味深い報告がある。

これは、二〇世紀の日本の一般家庭において、銘々膳からちゃぶ台、そしてダイニング・テーブルへと食卓の形が変化したのに伴って、食事の文化そのものがどのように変わっていったかを、豊富な聞き書き調査を基盤にまとめたものである（『国立民族学博物館研究報告別冊一六号』）。

これを見ると、ダイニング・テーブルの時期、つまり昭和三十年代後半から現代に至るまでの食事内容では、多くの家庭で、一日三食のうち、朝夕、あるいは昼夕といった組み合わせで、肉料理や魚料理が必ず登場する。しかも、朝食が肉なら夕食では魚などと、和食か洋食かの選択を含めて、日替わりで多様な食生活が家庭ごとに実現しているようすをうかがうことができる。

ところが、それ以前のちゃぶ台の時期、あるいは明治から大正初めにかけての銘々膳の時期になると、状況がまったく異なってくる。

まず、毎日の食事内容が、現代に比べて単調である。特別の行事や祝い事などをのぞいては、ほぼ同じような食事が繰り返される。さらには、副食物に肉類が登場することは稀で、魚でさえも、家や地域によって摂取のしかたにばらつきがある。

たとえば、兵庫県の農家に生まれた女性（明治二十八年生まれ）の記憶では、大正時代の初めまで、朝は飯に味噌汁と漬物、昼はお茶漬け、晩にはイワシの煮つけかイカナゴを焼いたもの、あるいは野菜や煮物がおかずだった。海岸に近かったので、浜から網を引きあげる声が聞こえると、イワシやイカナゴをもらいに行ったという。また、鳥取県の女性（明治三十八年生まれ）は、やはり大正から昭和の初期にかけての食事について、朝は味噌汁と米のくずを粉にして作った焼き餅、昼は麦、サツマイモ、ズイキの葉、アワ、キビ、刻んだ漬物などをいっしょに炊きこんだ飯、晩は昼の飯の残りで茶漬け、ほかに野菜の煮物やソバ粉のだんご、ソバ餅などであったといい、魚については「祭りのときなど何かあったときは魚も食べたが、普段は魚はイリコぐらいしかなかった」と語っている。

ほかにも、飯以外に食べたものとして、朝は味噌汁と漬物、昼は漬物、晩はほとんど麺類で、たまに野菜の煮物、という長野県の男性（明治四十一年生まれ）や、「魚は年に何回かしか売りに来なかったから、ほとんど食べなかった」という島根県の女性（明治三十九年生まれ）の話からは、むしろ魚を食べること自体が、極めて稀であったことをうかがわせる。

このことを裏付けるような資料が、『日本の食生活全集』（農山漁村文化協会）に掲載されている。これは、昭和初期の日本各地における家庭の食事について、聞き書きをもとに都道府県別にまとめたものである。新潟県を例とすると、信濃川と阿賀野川の下流にはさまれた、米どころとして知られる蒲原地方の福島潟周辺では、かつて大地主制のもとで水田耕作に従事するかたわら、多少の畑作物も育ててきた。周辺の山裾に自生する山菜のほか、福島潟の魚類にも恵まれて、さまざまな食材を得やすい土地柄であった。

ここで取り上げられている、ある小作農家の一年の食事例をみると、日々の食事では、一年を通じて三食とも、飯と汁にあと一品、すなわち「飯に一汁一菜」が基本であることがわかる。

一汁一菜というと、現代人の我々からすれば、いかにも物足りない、わびしい感じがするが、はたしてそうなのだろうか。

モデルとなっている家は、九人の家族構成で、一日に食べる飯の量は三～四升とある。つまり、ひとり当たり少なくとも、一日四合の飯を口にしている計算になる。もちろん、家族の中には幼い子どもや老人も含まれているから、それを考慮すると、成人男性なら五～六合ほど食べているかもしれない。そしてその飯は、「かて飯」が基本である。かて飯とは、米に雑穀や根菜などを混ぜて炊いた飯のこと。この家の場合は、大根と大根菜を混ぜている。季節によって、それがジャガイモになったり、豆になったり、あるいは農繁期には白米により近い、くず米を使った「てんこぶかし」というかて飯になったりもする。汁のほうも、雑魚が入ったり、季節ごとの野菜が何種類か入れられたりと、具だくさんである。皿数は少なくても、食材や分量は豊富なのだ。

それでは、こうした一汁一菜の日々の食事では、魚の位置づけはどうなっているのだろうか。福島潟という、魚を比較的得やすい土地柄にあっても、毎食魚を食べるということはない。一日のうち、あるときは夕食の汁の実のひとつとして、あるときは昼の弁当の塩イワシとして、あるいは佃煮として、食べる程度である。

ならば、魚はほとんど食べないのか、といえばそうではない。食べるときが限られているのである。

大晦日にはタラ汁に焼アジ、正月には鮭のハラス、サナブリという田植え後の祭りでは焼鮒、村の神社の祭りの日には焼ハヤ。日々の食事ではほとんど現れない魚が、行事や祭りなどの特別な日になると食卓に上る。

こうした日には、飯もかて飯ではない。白米や餅、赤飯、笹団子、ちまきなどに変わる。これらは、米を至上のものとしてきた日本文化に特徴的な、ハレの日の食べ物である。副食の品数も、日常食に比べて明らかに多い。そしてその中に、相当な割合で魚料理が含まれる。日ごろあまり口にしない魚を、特別な日には存分に食べるのである。

この家では、地元の祭りの時には福島潟の魚を食べる傾向にある。これはおそらく、福島潟からの漁獲物をまず土地の神さまに捧げ、感謝の意を表した後に、これを皆で食するという意味を持っているのだろう。

その一方で、一年でもっとも大切な行事である大晦日から正月にかけては、タラやアジなどの海の魚をわざわざ入手して、食している。

正月に海の魚を食べるという地域は、全国各地に広がっている。中には、海から遠く離れた山間地であることも珍しくない。正月と海の魚。この関係こそが、実のところ日本人にとって魚が大切な食材であることの原点なのである。

年取りの膳と魚

正月といえば、日ごろ離れて暮らす家族も帰省して、おせち料理を囲んで一家団欒、というのが、全国津々浦々、おおよその定番だろう。個食や孤食が問題視される今日このごろだが、正月に限っては、家族や親戚が一同に会する習慣がまだまだ根強いようだ。

とはいえ、そもそも家庭の食卓が団欒の場となったのは、さほど古いことではない。さきほど紹介した国立民族学博物館の共同研究グループによる調査報告によると、大正から昭和初期には、食事の時間に箸の上げ下ろしや食べる姿勢などを厳しく注意されたといい、とくに食事中の会話や中座はもっとも禁じられた事項であったようだ。

当時は、旧来の銘々膳を使ったり、あるいは都市部を中心にちゃぶ台とよばれる共用の座卓が登場したころである。もちろん、都市部とそれ以外の地域では、文化の受容に時間差があるので一概には言えないのだが、とりわけ地方の農村部では、父親を頂点とする家族間の序列が明確に存在し、食事の時間はしつけの時間でもあった。そこでは、きちんと正座をして、よそ見をせず黙って食べることが行儀作法だったのである。

戦後、昭和三十年代にイス・テーブル式の食卓、すなわちダイニング・テーブルが登場すると、これが急速に各家庭に普及し、同時に食卓での様々な禁忌もなくなっていく。家族間の序列は薄れ、各自が思い思いに話題を提供し、楽しく会話することが求められるようになって、食卓はむしろ家族のコミュニケーションを深める団欒の場となったのである。

一年の大きな節目である正月の食卓も、こうした社会の移り変わりとともに形を変えてきた。現在では正月三が日を中心に用意されるごちそうは、本来は、年取りの膳として大晦日に食べるものだった。餅も暮の三十日までについたものを神前に供えておき、それを大晦日に食べるのである。

明治六（一八七三）年に改暦となる以前、日本の古来の暦は、月の満ち欠けを基準に太陽の動きを組み合わせた太陰太陽暦であった。この太陰太陽暦では日没後を一日の始まりと考えるため、正月も、朔日、すなわち初めての月の出をもって新年のスタートとした。夜の闇は、来訪する歳神《としがみ》様を迎えるにも都合がよく、年越しはすなわち、身を清めて夜籠りをし、正月の神を粛々と迎えるのが本来の姿であったということになる。地域によっては、近年になっても正月には普段台所に立つ女性は炊事に従事せず、一家の主人が若水を汲み、三が日の食事を作るという、潔斎の意味合いを持った習慣を残しているところもある。火や竈《かまど》などの炊事道具の使用そのものを慎む習慣もあり、そのため、年取り膳の品々を重箱などに作り置きする必要があった。現在おせち料理とよばれるごちそうは、多くがこの作り置き分を指している。

歳神様を迎えるための歳徳棚《としとくだな》という神棚を特別にこしらえるところもあった。こうした年越しの場では、家族の成員が一同に会するわけだが、家族同士の共食よりも、神と人とが共に食する「神人共食」の観念が強く関係している。正月の神を迎え、その神に供えたごちそうをいただくことによって、一年を息災に過ごすエネルギーをいただこうという古来の考え方に根ざしているのである。

改暦以前にさかのぼるこうした習慣は、とくに戦後の高度経済成長期をはさんで次第に薄れ、都市生活者のライフスタイルにあった形へと変わっていく。現在でも、たとえば北海道や東北地方の一部などでは、年取り膳の習慣を伝えている地域もあるが、全体としては、農村部であっても、都会で暮らす子供たちの帰省にあわせて、年取りの膳よりも三が日をにぎやかに祝うことに重点が置かれるようになった。
このような変化の背景には、食べ物そのものに対する考え方の変化も関係している。かつて年取りの膳を祝っていた時代には、食べ物を得ることへの素朴な感謝がその根底にあった。とりわけ、年取り膳のごちそうといえば、「年取り魚」と称される魚であった。輸送が容易ではなかった時代にあって、魚は、この時にしか食べることができない貴重な食材だったのである。

たとえば、信州の伊那谷や飯田のあたりでは、年取り魚として現在でもブリを食べるが、これはかつて、富山県の氷見《ひみ》で水揚げされたブリが、高山、松本を経て半月ほどかけて運ばれてきたものだった。松本市立博物館編『鰤のきた道――越中・飛騨・信州へと続く街道』に、その詳細が記されているので以下に紹介したい。

高山の日枝神社には、越中の肴屋衆が奉納した寛文五（一六六五）年の絵馬が残されていて、すでに江戸時代の初期には飛騨方面へのブリの運搬が行われていたことがわかる。ブリは、西日本における年取り魚の代表格ともいえる魚である。フォッサマグナを境に、東日本ではサケが年取り魚の代表格として知られているが、信州はその境界線上に位置していて、地域や家によってサケとブリの文化圏が混在しているのである。

氷見のあたりで水揚げされたブリは、腹をさいて中を洗い、一尾まるごときつく塩をする。これを竹籠に四〜八本入れて八貫目（約32kg）の重量にし、牛馬の背に四籠くくりつけて、高山までの街道を四日ほどかけて運んだ。高山では、毎年旧暦十二月十九日に「鰤市」が開かれ、信州の魚商人が買い付けにやってくる。ここで、富山から運ばれた「越中鰤」は、「飛騨鰤」

と名称を変えて商われるのである。

高山から松本方面への道のりは、峠を越える険しい山道だった。雪も深く、牛馬で通ることはできない。そこでボッカ（歩荷）と呼ばれる人足が、荷を背負って峠を越えた。五〜六尾を莚《むしろ》に包み、これを籠に入れて背負った。松本までの日数はおおよそ七〜八日を要したという。

塩ブリを一本丸ごと買った家では、大晦日に一家の主人がまずブリの尾を切り、家の神棚に供える。その後、切り分けたものを焼いて食べ、年を越した。正月には、茹でたものを醤油につけて食べたり、雑煮に入れたり、鍋にしたりする。家によっては、鰤箱という箱を用意しておき、節分のころまで大事に食べたというところもあるほどだった。

このように、運ばれたてきた年取りの魚は、まず神前に供えられることが重視されていた。ブリやサケに限らず、海産物を歳神様に供える習慣は、「懸《か》けの魚《いお》」として、地域によっては現在でも行われている。これは、魚、スルメ、数の子、昆布、鰹節などを、家の神棚の前に並べて下げ、歳神様に供えるものである。下げるものは地域によってさまざまで、農村ならば稲穂を供えるところもあり、また扇子や傘などの縁起物をさげるところもある。

千葉県南部の館山市で、私も実際に目にしたことがある。館山市を含む安房地方では、カケノオ、カケノイなどとよばれ、漁村を中心に、正月を迎えるための行事のひとつとして続けられていた。

漁村の場合、下げる魚は地元でとれたカツオやアジ、サンマなどで、暮にとった魚に強く塩をして、完全に脂が落ちてカチカチになってしまうまで干す。これを十二月三十日に歳神様の

カケノイ（懸《か》けの魚《いお》）
魚は左から、カツオ（2尾が1箇所と1尾ずつ2箇所）、サンマ（2尾ずつ2箇所）、タカベ（2尾）、アジ（2尾）、イセエビ（模造）。
（千葉県館山市相浜にて、平成9年1月）

神棚の前に下げ、一月十五日の小正月が過ぎると、神棚からおろして焼いて食べるのである。冬は漁閑期であり、漁村とはいえたびたび魚を食べることはできない。そこで、カケノイの魚を切って食べるのだが、あまりに塩がきつくて、お湯で何度も塩出ししなければとうてい食べられなかったという。

こうした習慣からは、貴重な食材としての魚を、神様からの授かりものとして感謝する素朴な心情がうかがわれる。そして同時に、海の魚へのあくなき執着ともよぶべき特別なこだわりがあることを感じさせるのである。

節日《せちび》のまなぐい

さて、現代の日本人の正月に、魚はどのように関わっているのだろう。

そのことを知る手がかりのひとつに、株式会社紀文食品が募集していた「我が家のお正月食卓写真集」がある。

平成二十年までの十六年間に集まった応募写真は五〇〇〇件以上。自ら応募してこられるだけあって、料理の腕自慢が揃っているようだ。テーブルにところ狭しと並べられた手作りのおせちの数々を見ると、家族や親戚、知人が集まっての賑やかな正月風景が想像できる。実際に、同じく紀文食品が首都圏の主婦を対象に行ったアンケート調査（平成二十二〜二十三年に実施した、六十九歳以下の一般世帯の主婦を対象としたサンプル調査）でも、正月を自宅で祝う人が七〇・五パーセント、そのうち子どもや親をよぶという人が四六パーセントと半数近くを占めている。個食や孤食が取りざたされるなかで、正月は、人と人の絆を深める共食の文化を伝える貴重な機会ともいえるのである。

この「我が家のお正月食卓写真集」のなかには、秋田のハタハタ焼、福島のイカ人参、茨城のフナ甘露煮、新潟の氷頭なます、岐阜の焼イワシ、京都の棒鱈の煮物、大阪のにらみ鯛、島根の赤貝（サルボウ）の煮物、下関のフグ刺身、長崎の湯かけクジラなど、いわゆる郷土料理や名物として知られる魚料理が散見される。そしてこれらの作り手のコメントには、「毎年同じものを作る」とか、「母から子へと伝えるもの」といった伝統へのこだわりが感じられる。

本来は地域ごとに多様だった食文化が平準化されつつある現代社会にあって、せめて正月くらいは、地域や家の特徴を生かしたいという意識が反映しているのかもしれない。もちろん、正月料理は各家庭でさまざまだから、ここにあげた例がすべてではないのだが、なんらかの魚介類を使った料理が必ずといってよいほど含まれていることを考えると、正月に魚を食べるという習慣そのものは、現代にあってもおおむね受け継がれていると考えられるのである。

実際に、全国の二十歳以上の既婚女性四九三一人を対象にした紀文食品のアンケート調査「家庭の魚料理調査」（平成二十三年八月実施のインターネットによる調査）から、正月に食べる魚を抜き出すと、次ページの表のようになる。

種類にしておよそ八〇。ブリ、タイ、カズノコ、エビ、サケといった定番の魚が上位を占め、

正月に食べる魚介類
（株式会社紀文食品のアンケート調査による）

順位	魚･魚加工品名	件数
1	ブリ	918
2	タイ	689
3	カズノコ	459
4	エビ	416
5	サケ	396
6	マグロ	251
7	イワシ	217
8	イカ	153
9	タラ	133
10	ニシン	127
11	サバ	121
12	イクラ	93
13	タコ	86
14	カレイ	77
15	カニ	72
16	ハマチ	53
17	カツオ	33
	アジ	
19	ナマコ	32
20	ハタハタ	30
	コイ	
22	サワラ	29
23	サンマ	24
24	アユ	23
25	ホタテ	19
26	エイ（カスベ･カラカイ）	16

順位	魚･魚加工品名	件数
27	カンパチ	15
28	フグ	13
29	ヒラメ	12
30	キンキ	11
	イカナゴ	
	カキ	
33	フナ	10
34	ワカサギ	9
	ホッケ	
	クジラ	
	カジキ	
38	アワビ	8
39	ハゼ	7
	ウナギ	
	アナゴ	
	アカウオ	
	アカガイ	
44	ヒラス	6
	ジャコ	
	コハダ	
	キビナゴ	
	アンコウ	
	その他貝	
50	カジカ	5
	サザエ	
	ウニ	
53	コノシロ	4

順位	魚･魚加工品名	件数
54	タチウオ	3
	サメ	
	イガミ（ブダイ）	
57	モロ	2
	マス	
	ヒラマサ	
	ハタ	
	シシャモ	
	シイラ	
	アマダイ	
64	ワニ（サメ）	1
	ヤズ	
	メバル	
	ムツ	
	ミーバイ	
	ベニサシ（ヒメジ）	
	フクラギ	
	ツボダイ	
	シロハタ	
	シラウオ	
	サヨリ	
	クエ	
	キス	
	アゴ	

出典　株式会社紀文食品ホームページ「正月と魚～ハレの日の家庭の食文化～」
http://www.kibun.co.jp/knowledge/shogatsu/database/fish/

数の上でも他を圧倒しているのだが、それ以上に目を引くのは、他の各種おびただしい魚介類である。これはいったいなにを意味しているのだろう。

民俗学者の柳田国男は『食物と心臓』の中で、正月や祭りなどの節日にわざわざ海の魚を用いる習慣が各地でみられることについて、「この日を精進にせぬ大きな力が、備わっていたことが想像せられる」と指摘している。

柳田によれば、イワイとは本来、「忌む」ことに通じる言葉で、厳粛な禁戒と解放の歓喜の両方の意味を有していた。そして、イワイの場では、禁戒すなわち精進を終えて自由な祝賀へと移行するうえで、「まなくい（魚食い）」の儀式が必須だったのではないかというのである。そうでなければ、「正月だから嫁迎えだから、必ず海から捕ったものを食べねばならぬと、無理算段までするようになった」ことに説明がつかないと述べている。

同じく民俗学者の瀬川清子も、著書『販女』のなかで、柳田の問題意識をさらに掘り下げてこういう。

「東日本の正月肴の塩鮭も、西日本の塩鰤も、紀文大尽の蜜柑船に優るとも劣らない困難な行程をへて運ばれているのであるが、そうしてまでも節の日に魚を食わなければならない、という理由を考えてみる必要がなかろうか。こうした節日の魚食は、身体的栄養というよりは、むしろ、この吉日に魚を食わなければならない、という精神的栄養に属するものであろう……（中略）……節日のまなぐいは、もっともっと古い時代からの国風で、さし鯖や塩鮭が運ばれない古い時代にものし鮑や海藻などが、節供の魚の役をはたしていたもののようである」

新しい年を迎える節目の日に、魚を食べるという習慣。これを「精神的栄養」とは、実に言いえて妙である。

柳田はまた、こうもいう。「土地によっては昔から鮭・鱒の塩引、あるいは年越鰯と称して一尾の小鰯を向う皿につけ、もっと質素な向きではこの際にも、田作りを唯一の海の物としている。つまりは口をなまぐさくしなければ、堂々として一年の新正に入って行くことが、できないもののごとくに感じていた名残なのでもある」(『食物と心臓』)。

正月の魚といえば、ブリやサケなどの大型の魚を思い浮かべがちだが、必ずしもそうではない。地域によって、あるいは家によって食べる魚はさまざまあり、たとえそれが小さなイワシ一匹であっても、魚は魚である。おせち料理の定番として重箱の片隅に置かれている田作りでさえ、「節日のまなぐい」の習慣を伝える一品なのだ。

正月の魚がまさに「精神的栄養」であることを示すデータが、もうひとつある。

さきほどの紀文食品の調査結果から、正月に食べる魚のうち、ブリ・サケ・タイに限って全国的な分布を調べてみると、左の表のようになる。代表的な年取り魚といえば、フォッサマグナを境に、東日本はサケ、西日本はブリというのが一般的である。かつて冷蔵・冷凍設備がまだ整っていなかったころ、サケもブリも塩蔵処理が施され、正月期間を食いつなぐ冬場の保存食としての意味を持っていた。だが今日では流通網が拡大し、どこにいても生の切り身の魚を手に入れることが可能である。にもかかわらず、東はサケ、西はブリ(京阪神ではタイ)という昔ながらの選択がなされているのである。

正月に食べるブリ・サケ・タイの分布

都道府県	ブリ	サケ	タイ
北海道	10	19	14
青森県	2	14	8
岩手県	5	13	9
宮城県	5	6	1
秋田県	2	10	10
山形県	3	14	5
福島県	4	14	8
茨城県	6	12	10
栃木県	9	6	6
群馬県	8	8	5
埼玉県	4	10	13
千葉県	10	5	7
東京都	17	9	11
神奈川県	16	8	10
新潟県	3	61	4
富山県	33	9	8
石川県	24	4	10
福井県	16	2	5
山梨県	8	10	10
長野県	40	24	6
岐阜県	30	4	4
静岡県	16	8	6
愛知県	21	9	9
三重県	16	6	15

都道府県	ブリ	サケ	タイ
滋賀県	22	2	22
京都府	26	4	21
大阪府	23	1	28
兵庫県	34	8	30
奈良県	22	6	30
和歌山県	15	4	32
鳥取県	24	5	8
島根県	28	4	17
岡山県	59	2	17
広島県	35	3	16
山口県	38	4	16
徳島県	29	10	19
香川県	40	5	21
愛媛県	19	5	29
高知県	11	2	20
福岡県	39	6	22
佐賀県	26	3	33
長崎県	20	4	29
熊本県	22	5	25
大分県	26	6	18
宮崎県	21	5	14
鹿児島県	25	10	13
沖縄県	6	7	15
合計	918	396	689

出典　株式会社紀文食品ホームページ「正月と魚〜ハレの日の家庭の食文化〜」掲載の図の元データによる。http://www.kibun.co.jp/knowledge/shogatsu/database/fish/
網がけしたものは、魚種ごとのそれぞれ上位５県を示す。

もちろん、さきほどから再三述べているように、正月に食べる魚はサケ・ブリ・タイに集約されるものではない。むしろ本来は、その土地その土地でとれる魚を食べるのが基本なのであり、地域によってさまざまなのだ。一九八ページの表に示された多種多様な魚介類にこそ、実のところ、正月に魚を食べることの本質がある。

魚を食べるということ。それは、魚を与えてくれる自然界へと思いを馳せることでもある。あるときは恵を与え、あるときは脅威ともなる自然。人知の及ばないものへの計り知れない畏怖から、先人たちは、自然の中に神々の姿を見、これを敬ってきた。

正月は、歳神様を迎えてこの一年の無事を願う、もっとも重要な節日である。その日に貴重な食材だった魚を食べることが必要とされていた。庶民にとっては、作物が不足なく収穫でき、日々をつつがなく平穏に過ごす、そしてそれが子々孫々にわたって永続することが願いであり、正月を初めとする節日は、日常の平和とその継続を願うための大切な年中行事であった。

かつて、沿岸の村から遠路はるばる魚が運ばれてきたころ、運ばれた時間や手間は、その食べ物の価値そのものでもあった。食べる人も、それがどこから、どうやって、誰によって運ばれてきたかを知っていた。その当たり前のことが、食べ物を容易に手に入れることができるようになった今では、必ずしも当たり前ではなくなっている。

「節日のまなぐい」に込められた「精神的栄養」は、現代の日本人にこそ必要とされているのかもしれない。

祝い魚の移り変わり

さきほど紹介した国立民族学博物館の報告書には、大正二（一九一三）年生まれの大阪府八尾市の女性が語った、こんな言葉が掲載されている。

「昔を思うと、今は毎日が正月だ」。魚料理や刺身などは正月くらいしか口にすることはなかったのに、それを日常的に食べることができるようになったことを、そう表現しているのである。

かつて特別な日の特別な食べ物だった魚は、高度経済成長期を経て、海から遠く離れた地であっても手軽に手に入れることができる、もっとも身近な食材のひとつとなった。顕著なのは、東日本の代表的な正月魚であるサケ。サケは、先述の紀文食品の調査結果によると、普段の日に食べる魚の第一位でもあるのだ。サケはもはや、特別な日に食べる特別な魚ではなく、むしろ日々接する身近な魚という位置づけにあるといってよい。まさに、「毎日が正月」という言葉そのとおりなのである。

これはひとえに、鮮魚の保存技術と輸送手段が発達したからに他ならないのだが、じつのところ、現代ほどは流通網に広がりを持っていなかった江戸時代であっても、江戸や大坂などの大都市に限っては、規模の大きな魚市場と各地からの鮮魚輸送のネットワークにより、比較的身近な食材として魚を入手することが可能だった。

一九世紀初めにオランダ商館付きの医師として来日したシーボルトは、商館長とともに江戸参府をした文政九（一八二六）年、江戸で売られていた食品のリストを価格とともに記録している（熊倉功夫解題、宮坂正英翻刻・翻訳「シーボルトが記録した江戸の食材」『Vesta』二七号）。その中には、「ウオルイ（魚類）」として九〇種もの魚が記されていて、多種多様な魚が江戸に集積していたようすを知ることができる。もっとも、それらの多くは江戸城もしくは武家屋敷で消費され、庶民が口にできるとすれば、せいぜい残った雑魚程度だっただろう。シーボルトも、江戸の食品の物価が他の地方の城下町に比べて五倍は高いと述べていて、「高度な贅沢とひどい貧乏の両極端がみられる」と、将軍家や大名家と庶民との生活の格差に言及している（『江戸参府紀行』）。

ここで注目したいのは、シーボルトのリストでは、タイやカツオが「三両ヨリ一分マデ」と他の魚に比べて格段に高価なのに比べ、アジは一〇匹三〇〇文、イワシも一〇匹一二〇文となっていて、高級魚と、そうではないいわゆる大衆魚との区別が、このころすでに歴然としてあったということだ。

現代になっても、たとえば大阪市水産物卸協同組合の資料によれば、戦後の配給統制が段階的に解除になる際、昭和二十三年五月にまず「マダイ・ハナダイ・チダイ・サワラ・スズキ・シラウオ・海産性アミ・エビ類・カニ類の九品目の高級魚」に限り、価格統制の枠外とされたとある（大阪市水産物卸協同組合編著『水産物流通の変貌と組合の三十年』）。これらの高級魚は「一般大衆にはほとんど配給されたことがないもの」なので、価格統制からはずしても、庶民の食生活には直接影響がないと判断されたのである。

私たちが日ごろ無意識のうちに見分けている、魚に付随する階層性。それが顕在化するのは、祭りや祝い事などの特別な日の食卓である。

再び、紀文食品のアンケート調査「家庭の魚料理調査」に注目してみよう。

正月に食べる魚のうち、先述したブリとサケ以外を上位から見ると、タイ、カズノコ、エビ、マグロ、イワシ（多くが田作り）、イカと続く。戦後になって高級食材の仲間入りをしたマグロを除き、他はいずれも江戸時代から年中行事や祝い事に用いられてきたものばかりである。

タイやカズノコは、中世の成立といわれる『包丁聞書』に「出門に用る魚鳥」として記載されているし、エビは、「海老」と書くことから長寿を表すとして、江戸時代初期の『日本永代蔵』に蓬莱の飾りとして用いられていたことが書かれている。イカ（スルメ）は平安時代の『延喜式』にも記載された神饌で、江戸時代には「須留女」、近年にいたっては「寿留女」と当て字されて結納にも用いられる。

ちなみに、同じアンケートで、正月に限らず「祝い事に用いる魚」を尋ねたところ、単独の魚種として名前があがったものは、タイが他を圧して一位。以下はマグロ、サケ、エビ、イカ、ブリが上位を占め、正月の魚とさして変わらない。つまり、現代においては正月も祝い事のひとつとしてとらえられており、縁起がよいとされる魚を好んで食する傾向にあることがわかるのである。

ところで、日本の食文化には、基本的な生活様式のひとつとして土地ごとに伝えられ、家庭の主婦たちの手で担われてきた台所の食文化がある一方で、形式を重んじ、研鑽と洗練を繰り返しながら発展してきた料理人の手による外食文化という二極が存在する。

後者は、一般に日本料理とよばれ、その食材として、やはり魚介が重要な位置を占めている。日本料理の基礎が確立したのは室町時代以降のこととされるが、祝い事の食文化においては、この日本料理の影響が大きい。たとえば正式の饗膳として武家社会で定型化した「本膳料理」とよばれる料理の形式は、江戸時代になると庶民社会にも浸透し、地方の農山漁村の婚礼などでも饗膳として定着をみる。今日の会席料理は、この本膳料理を継承したものであり、あらたまった席での日本料理の形式として、我々の生活に深く浸透しているのである。

正月の行事食である「おせち料理」も、正月節会料理の略であり、雑煮・祝い膳・組重をセットとする料理の形式が、江戸時代の武家や商家で定着していたようだ。これが庶民にも浸透し、さらに地方ごとの年取り魚などの風習が合わさって、それぞれの地域に特徴的な正月料理が形成されたと考えることができる。

祝い魚の代表格であるタイも、江戸時代の『本朝食鑑』で「我が国の鱗中（ぎょるい）の長である」と称賛されたのを初め、将軍や大名家の食膳、祝い膳、祭りの供物などに用いられてきた。しかし庶民社会への定着という点を考えると、これに大きな影響を及ぼしたのは、明治初期のいわゆる「明治祭式」とよばれる制度にあると思われる。

明治初年に政府による神仏分離令が制定されたのに伴い、明治六（一八七三）年から明治八年にかけて、全国の神社祭式が統一的に制定された。その中には神饌も含まれており、タイを神饌とすることが明記されている（神崎宣武「神饌考①生饌」『Vesta』五号）。これにより、海から離れた地方の小社であっても、神前にタイを供えることが一般化した。もちろん、地域によっては、タイに限らずその土地でとれた魚を神饌とする習慣を残しているところもある。だが、共同体の要ともいえる神社の祝い魚がタイに統一されたということの意味は、当然ながら大きかったと言わざるを得ない。

このように、タイを初めとする一般的な祝い魚が、制度や形式の統一化による庶民文化への浸透とすれば、年取り魚は、その地域本来の素朴な食文化に根ざした土着の文化と考えられる。実際に、先のアンケート結果を見ても、正月には一般的なめでたい魚ばかりが食されているとは限らない。コイ、ハタハタ、エイ、クジラ、キンキン（キンキ）、サメなど、数としては少なくても、地方色を強く感じさせる魚が多種類出現しているのである。

そもそも年取り魚として魚が珍重されていたころには、サケとブリという二大魚種はあるものの、その土地に近いところでとられた魚を食べるのが基本であり、タラ、イワシ、アジ、身欠きニシンなど、地域によって食べる魚もさまざまだった。現代のアンケートに現れた多様な魚の種類がその名残りであることは、いうまでもないだろう。

一見、祝い魚を中心に標準化したように見えても、その土地で手に入るものを感謝していただくという基本的な心情は、現代でも生きているのである。

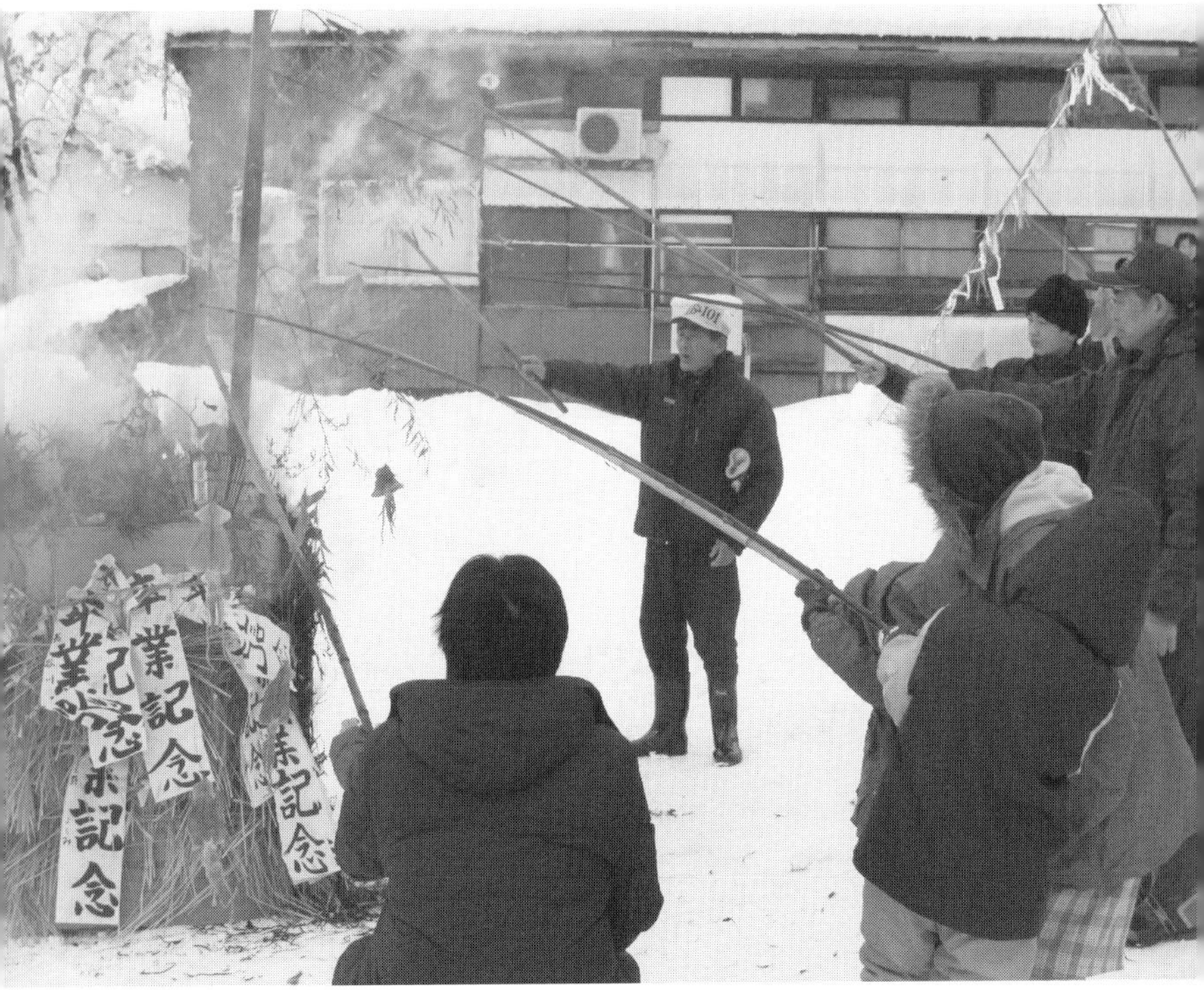

新潟県十日町市西寺町のドンド焼き（小正月行事）
木と藁で塔を作り、正月飾りや古いお札、書き初めなどを一緒に燃す。
その火で焙ったスルメを食べて、一年の無病息災を願う。
（平成 24 年 1 月 15 日）

第6章 魚を待つ人びと

「伊勢屋」の店先にて
（平成 23 年 8 月、国立歴史民俗博物館　勝田徹氏撮影）

「伊勢屋」の常連さん

平成二十六年五月十日。大型連休明けの最初の土曜日に、大阪市西成区にある晃さんとよし子さんの店、「伊勢屋」を訪ねた。

これまでは、なるべく忙しい時間帯を避け、午後三時過ぎたころをみはからってお訪ねしていたのだが、この日は所用があり、やむを得ず朝のうちに顔を出すことにした。挨拶程度なら、さほど邪魔にはならないだろうと思ったからである。

というのも、この少し前、大型連休のまさしく只中に、晃さんたちが千葉県佐倉市にある国立歴史民俗博物館まで展示を見に来てくださったのだ。晃さんとよし子さん、三人の娘さんとそのご家族、関東にお住まいの姪御さんまで合流し、あわせて一七名。ご高齢のお父さん以外の家族総出である。

仕事柄、遠出するにはゴールデンウイークしかないと聞いてはいたが、どこもかしこも大混雑のこの時期に、松阪から近鉄特急と新幹線、そしてJRの在来線を乗り継ぎながら、何時間もかけて皆さんで来てくださったことに、私は心底感動した。聞けば、娘さんたちが前もって計画を練り、スカイツリー見物や東京ディズニーランドも組み込んで、列車からホテルまで、すべて準備を整えてくれたのだという。子どもたちだけでも八人。日ごろから一緒に行動することに慣れているのだろう。年長の子がさりげなく小さな子の面倒を見ていて、広い博物館の

「伊勢屋」の店先
（平成 26 年 5 月）

中で迷子になることもない。みごとなチームワークに感心してしまった。

　それから約一週間、ちょうど大阪に用事があったのを機に、ひと言お礼が言いたくて来たのだが、午前一〇時を少しまわったこの時間は、どうやら来客のピークであったようだ。

　盤台のうしろによし子さんが立ち、来客の応対にあたる。魚の計量や代金の受け渡しはよし子さんの役割。晃さんは向かって右側の定位置でまな板に向かい、お客さんの希望に応じて魚をさばく。いつものスタイルである。商品が並んだ盤台の前には何人ものお客さんがいて、そのひとりひとりと会話しながら、晃さんもよし子さんも、手の休まる間がない。

　盤台には、今朝ほど松阪の市場で仕入れてきたばかりの魚介類が並んでいる。

　長年の習慣で、どういった魚をどのあたりに置くかは、おおよそのルールがあると聞いた。向かって左上は、タイ、アマダイなどの高級魚。季節によって、ガシラとよばれる魚もあり、こうした色目の良い魚のことをアカモンというのだそうだ。隣は生サバ、タチウオ。中段にはアオリイカ、カレイ、アジ。カレイが白い腹を上にして置かれているのは、大きく見せるためなのだという。右端には、干物、塩サバ、タラコ、タコなど。これらはパック包装されている。鮮魚に時折水をかける（渇かないように）ので、その水滴が当たらないための配慮である。下段左端には特産のアサリ、右端にはシジミ。シジミは、よし子さんのお父さん自らが、ほんの楽しみついでに拾ってくることがあり、それが格段においしいと評判で、すぐ売れてしまうという。

　この日は、コチ、マナガツオ、タケノコメバルといった、この季節ならではの珍しい魚もあった。タケノコメバルはその名のとおり、掘ったばかりのタケノコそっくりの柄である。「これなに?」と思わず尋ねたくなるような魚が並んでいて、お客さんとの会話も自ずと弾むことになる。

注意して見ていると、「おはよう」とか、「あ、どうも」、「久しぶり」など、店先に来たお客さんと交わす最初の言葉は、ご近所や知り合いに会ったときのそれとほぼ変わらない。ほとんどが顔見知り、要は常連客なのである。人によっては、顔を見ただけで、よし子さんが干物の話を始めたりもする。どうやらこの方はいつも干物を頼むお客さんらしい。「アジの干物五枚、月曜日に」と注文して帰っていった。

自転車で颯爽と現れた奥さんふたり。そのおひとりが、「これや、これ。これものすごくおいしかったから、あんたにも買うたげるわ」と言いながら、貝のむき身を二パック購入。「ほんまにおいしいんやて。食べてみて」と連れだって、賑やかに自転車のペダルを漕いで去っていく。東京ではあまり見ない光景だ。

土曜日ということもあって、ご夫婦でぶらぶら買い物に出てこられた方もいる。「テナガ来た?」とご主人。「まだや。今日のタコは明石」と晃さん。テナガとは手長ダコのことで、伊勢湾でとれる。かの有名な明石のタコよりも、三重のタコのほうがお好みなのだそうだ。やりとりを聞きながら、季節の訪れを待つ心は、その季節とともにもたらされる食べ物を待つ心なのかもしれない、などと思う。

「なんかあるかな、と思ってきた」という年配の女性。「コチどうや?」と晃さん。少し変わった魚を楽しみにしている人のようだ。「さばくのに手間かかるからな、夕方取りに来て。それまでに用意しとくわ」。平べったい形をしたコチは、普通の魚をさばくのとは、包丁の入れ方が違うらしい。このお客さんが、いつも晩ごはんのおかずに魚を買いに来ることを、晃さんたちは知っている。そして、家がすぐ近くであることも知っている。かゆいところに手が届くというのは、こういうことを言うのだろう。「今日は、こんな魚があったんやで」などと、家族でコチの刺身を囲む夕餉の食卓が目に浮かぶ。

「なにかの取材?」。品選びをしていた別の年配女性が、店からやや離れた向かい側から、パシャリ、パシャリとシャッター音を鳴らす私に気がついた。

よし子さんが、先日の旅行の写真を見せ、博物館の展示の話をする。この方は、ゆっくり時間をかけて買い物を楽しむタイプのようだ。アルバムを繰りながら、しきりに感心している。聞けば、以前は同じ西成区の別の「伊勢屋」で魚を買っていたのだが、その店が廃業することになり、晃さんたちの「伊勢屋」を紹介してもらったのだという。伊勢志摩魚行商組合の猟師支部の人たちが、みな「伊勢屋」を名乗って店を出していることはすでに述べた。「伊勢屋」ネットワークは、こんなところにも機能していたのだ。

「スーパーの魚は、ちょっと……、ね」とこのお客さん。「自分で魚を見て、あれをこうして、こうやって、と考えながら選ばないと気がすまない」のだそうだ。「和歌山の周参見《すさみ》、ゆうところの出身やからね」。周参見といえば、紀伊半島南端の漁師まちである。幼いころから魚に親しんできた人にとっては、パックになった切り身は、魚という実感からは程遠いのだろう。

どちらかといえば年齢層が高めのお客さんが続くなか、若い女性が店先に現れた。この人は「伊勢屋」の常連となって三代目なのだという。

タチウオ、カツオのたたき、アオリイカ、アジ……。鮮魚ばかり、こちらが心配になるくらいに次々と注文する。料理屋でも経営されているのかと思えばそうではなく、とにかく魚が好きな家族で、親戚一同楽しみにしているのだという。「旅行なんかに行ってもね、ここの魚よりおいしい魚、食べたことない」。平日は仕事をしていて、土曜日にしか買い物に来られないので、まとめて買うことにしている。イカは冷凍できるよう、アジはフライにできるよう、注文に応じてさばく晃さんは忙しい。「煮つけ用をフライ用に開いてくれたり、細かいことでも面倒がらずにやってくれはる。融通がきく、ゆうんかな」。調理を待つ間には、さきほどのアルバム観賞である。「この話も聞きたくて来たの」。こうなると、もはやお客さんというよりも、旧知の友人、あるいは親戚といった感覚に近い。

この女性が買った魚の総額は、一万七〇〇〇円。日ごろ、スーパーでちまちまと値段比べをしながらパックの切り身を買っている自分が情けなくなる。

ほんの挨拶程度に顔を出すつもりが、流れの絶えないお客さんを見ているうちに、気がつくとお昼を回っていた。ようやく、少し客足が途切れた。

「今日は、特別」とよし子さん。常連客のなかでもいわゆる「上客」の方々ばかりの来店時に居合わせたようだ。

とはいえ、どの常連さんたちも口を揃えて、「ここの魚はおいしい」というにはわけがあるのだろう。お客さんとのやりとりを観察しているうちに、魚を買って帰りたい衝動が抑えがたくなっていた。東京に帰るのは明日だが、なにか持って帰れないものか。

晃さんが店先で焙りながら作っていたカツオのたたき。今日の品揃えの目玉のひとつだ。これが一皿残っているのが、さきほどから気になっていた。ホテルの冷蔵庫に入れておけば、もつのではないか？

「カツオのたたき、買って帰ろうかな」というと、即座に「今日食べるんか？」と晃さんが聞く。

「明日」

「あかん、色変わってしまう」とよし子さん。

「貝はどうですか？」

「これも今日中でないとあかん」

やはり無理かと悲しくなってくる。

「タチウオ、どうや？」と晃さんがすすめてくれた。

「ちょっと塩しとくからな。ホテルの冷蔵庫に入れとき。そしたら明日でも大丈夫や」

「少し水が出ると思うから、明日帰るときに水を捨てて、な」と保冷剤をつけながらよし子さんも教えてくれる。

「おいしい魚」のわけが、少しわかった気がした。

客にはそれぞれの希望や事情がある。魚にもそれぞれに合った食べ方、食べどきというものがある。それらを総合して、おいしく食べることができないと判断されるものは、売ってくれないのだ。おいしいものしか売らないから、おいしいのである。

その日、新聞紙にくるまれたパックをホテルの冷蔵庫に入れ、翌日、教えてもらったとおりに水を捨てて、東京に帰ってさっそく焼魚にした。

ほんのり甘塩で、ほどよく脂がのったタチウオは、なんともいえず美味であった。

産直の先駆けとして

うれしそうに魚を選ぶ「伊勢屋」の常連さんたちを見て、以前から気になっていたことが改めて思い出されてきた。

大阪といえば、「天下の台所」と称され、近世以来の豊かな魚食文化をもつ土地柄である。その大阪に、いったいどういう事情でもって、伊勢志摩地方の行商人が受け入れられたのだろう。

戦後、大阪の生鮮食料品を扱うセンターとしての役割を担ってきたのは、現在の大阪市福島区野田に位置する大阪市中央卸売市場本場である。大阪には、雑喉場《ざこば》、靭《うつぼ》、木津、天満など、近世以来営業してきた水産物や青果物の問屋市場があった。これらを統合し、昭和六年に開場した。戦中戦後の統制期には市場機能の中断を余儀なくされたが、昭和二十五年から仲買制度が本格的に復活して、中央卸売市場としての機能を回復した。

戦後の大阪市内では、ほかにも旧来の木津市場・天満市場に加え、戦後からの鶴橋市場がそれぞれ機能していた。だが、昭和五十五年ごろの実態を記した資料によれば、これらは中央卸売市場の機能を超える流通を担うものではなく、主要な取引先は中央卸売市場本場の業者が中心であったという。またこの当時、スーパーマーケット、チェーンストア、生活協同組合などでも、例外的な企画や特別契約した加工食品を除き、主要な生鮮水産物・加工水産物は、中央卸売市場経由のものが大部分であった。当時の量販店の仕入れ担当者によると、「流通コストの面、品揃え、品質管理の面から見ても、中央卸売市場を経由する方が、取引上の安全性や永続性を期待でき、さらには食品衛生上の面でも安全である」との考えがあったという（倉田亨監修『大都市における水産物需要の動向と流通対策——大阪市中央卸売市場本場の仲卸機能を中心に』）。

今日ではむしろ、場外流通とよばれる方法が活発で、スーパーマーケットなどでも産地との直接的な取引を行う傾向にあるようだ。しかし、少なくとも、伊勢志摩地方からの魚行商が最盛期を迎えた昭和四十〜五十年代にはまだそうした傾向はなく、仲卸業者を仲介として中央卸売市場を経由するという、水産物流通の基本が徹底していたことがわかる。とくに大阪の場合、後述するような、市場の格式ともいえる高い評価が付されていることから、中央卸売市場を通した品物であるということが、品物の価値そのものともなっていた。

こうしたなかで、産地から直接魚を持参し、販売するという方法は、それ自体がきわめて稀であり、消費者に大きなインパクトを与えたであろうことは容易に想像できる。

晃さんたちの店でも、かつては荷を持って行くなり、競うようにして客が買っていったという。港の市場で朝仕入れた品を持参すれば、卸売市場を通す場合よりも、一日か二日は確実に早く消費者のもとに届く。大阪でさほど定着していなかった産地直送を先駆的に実践したというところに、伊勢志摩地方からの行商が受け入れられた理由のひとつがある。そしてこのことは、大阪の食文化に根付いている鮮魚への格別な志向性とも関係するのである。

ところで、大阪市中央卸売市場本場は、全国的相場の「値決め市場」としての機能を持っている。

大阪では、淡路周辺や瀬戸内海、若狭、紀伊、九州、四国など、主に西日本の全海域から鮮魚の集荷が行われてきた歴史がある。そのため、近海物やとくに「以西物」とよばれる九州方面からの鮮魚は、生産者・出荷者ともに、まず主要な魚や鮮度の良い魚を大阪の市場に出し、残りを他の市場に出荷する場合が多く、大阪の相場を基準に、他の市場で値の駆け引きをする習慣になっていた。こうした商習慣と、相場形成市場としての位置づけから、品物の鮮度や質に対する評価が厳正になされることになり、結果的に大阪の市場に入る品物の価値を高めていたのである。

このような鮮魚に対する志向と評価に関係するのが、近世からの歴史をもつ独特の生魚輸送方法と調理前の処理方法である。酒井亮介『雑喉場魚市場史——大阪の生魚流通』によれば、それは次のような方法と手順である。

生間《いけま》という魚の収容艙を設けたイケフネとよばれる船で、産地から大阪まで、魚を泳がせながら運ぶ。大阪の安治川河口に近づくと、生間の孔に木栓をして川水が入らないようにし、一尾ずつ手鉤で活〆《いけじめ》（仮死状態のこと）にする。血抜きの作業をしながら一時間ほどかけて上流の雑喉場まで運んだうえでセリにかけ、一定時間が経過して魚肉が成熟したところで食味する、というものである。

重要なのは、漁獲後に少なくとも二～三日は生簀で「活込《いけこ》み」（安静状態で泳がせる）をすることで、魚の体内の摂取物を消化させ、無駄な脂肪分を除去することにより、よく締まった透明感のある肉質になる。このため、近年になっても、四国や九州方面からは魚を船で活かした状態で和歌浦や東垂水の港まで運び、出荷の際に活〆にして市場のセリにかけるということが行われていた。

このような商習慣と独特の輸送方法は、一方で、漁場と魚種に対する詳細な識別と価値観をも育むことになる。たとえば、大阪に出荷される鮮魚には、大きく別けて、淡路・和歌山・瀬戸内海の岡山あたりまでを産地とする「近海物」と、それ以外の地域において手繰船や沖合漁業でとられる「一般物」があるが、大阪で好んで消費されるマダイの場合、近海物の中でも、「マエの鯛」とよばれる西宮の戎神社の前の海でとれたマダイや、小豆島の北東岸当浜あたりの小型定置網でとれる上りマダイなどは特に人気があり、高値で販売されたという。そして、こうした魚は割烹や料理屋などの飲食店で多く消費された。

晃さんから、かつてこんな話を聞いたことがある。商売を始めたころ、大阪の魚は概して高価であったというのだ。それは、先ほど述べたような、味覚と食感を伴う鮮魚への特別なこだわりと、産地に与えられてきた評価とが一体化して育まれた、大阪独自の魚食文化の一端を示すものであるといえる。

ここで注目したいのは、大阪市中央卸売市場本場の資料を見る限りにおいては、大阪における広域的な水産物流通の現場で、伊勢志摩地方はさほど主要な出荷地として認識されてきてはいないということである。つまり、近鉄線を利用した行商によって初めて、この地域の魚がまとまって大阪へと持ち込まれたことになる。しかも、彼らの多くが商売の場所として選んだのは、より庶民的な下町地区の商店街であった。

イケフネのような特殊な方法ではないが、晃さんたちも港から鮮魚を仕入れる際に、活〆にして運んできた。店を訪れる長年の常連さんも、「刺身の断面を見たら、新鮮や、ゆうことがひと目でわかる」という。

そうした高い品質の魚を、比較的安く、そして産地から直接提供できるということが、晃さんたちの店の大きな利点だった。そして、庶民が集まる商店街に進出したということが、鮮魚に対する新たな価値基準と需要を喚起させ、その利点を最大限に生かす結果になったと考えられるのである。

大阪には、主として瀬戸内海から西の地域を産地とするマダイなどの高級魚に大きな価値を置く食文化の伝統がある。この瀬戸内海の高級魚を、大阪における食通の魚食文化とすれば、「伊勢屋」が運ぶ産地直送の鮮魚は、大衆の魚食文化である。

大都会である大阪には、とくに戦後、地方から多くの人たちが流入し、新たな都市生活者層を作り上げた。「伊勢屋」の行商人たちは、そうした庶民層の拡大とともに大阪に進出し、それぞれが得意客を獲得して、足場を築くことに成功した。いわば大阪で長年培われてきた魚食文化の伝統に、大衆化という裾野を広げる役割を果たしたのが、近鉄線を利用した「伊勢屋」の人々だったのである。

小さな流通からみえるもの

再び、「伊勢屋」の店先に戻って考えてみたい。

左の写真は、平成二十三年八月初旬、晃さんたちの店を訪ねた折のものである。

盤台の上には、季節の魚介類が並ぶ。例のごとく、向かって左上は高級魚の一群。西日本の夏を象徴する味覚、ハモもそこにある。よく見ると、ところどころに「三重県産」という札が置かれてはいるものの、小魚やパックになった品物以外は、値段表示もとくにされていない。というのも、基本的に魚は計量して値決めをするので、仕入れ値によって売り値も日々違ってくる。常連客であればそのあたりはよくわきまえており、とりたてて表示する必要もないのである。「三重県産」の札も、近年こうした表示が必要だというのでやむなく置いているのだが、以前はなかった。

全部で二十数種類、魚の名前もそこにはほとんど記されない。たいていの魚は見ればわかる

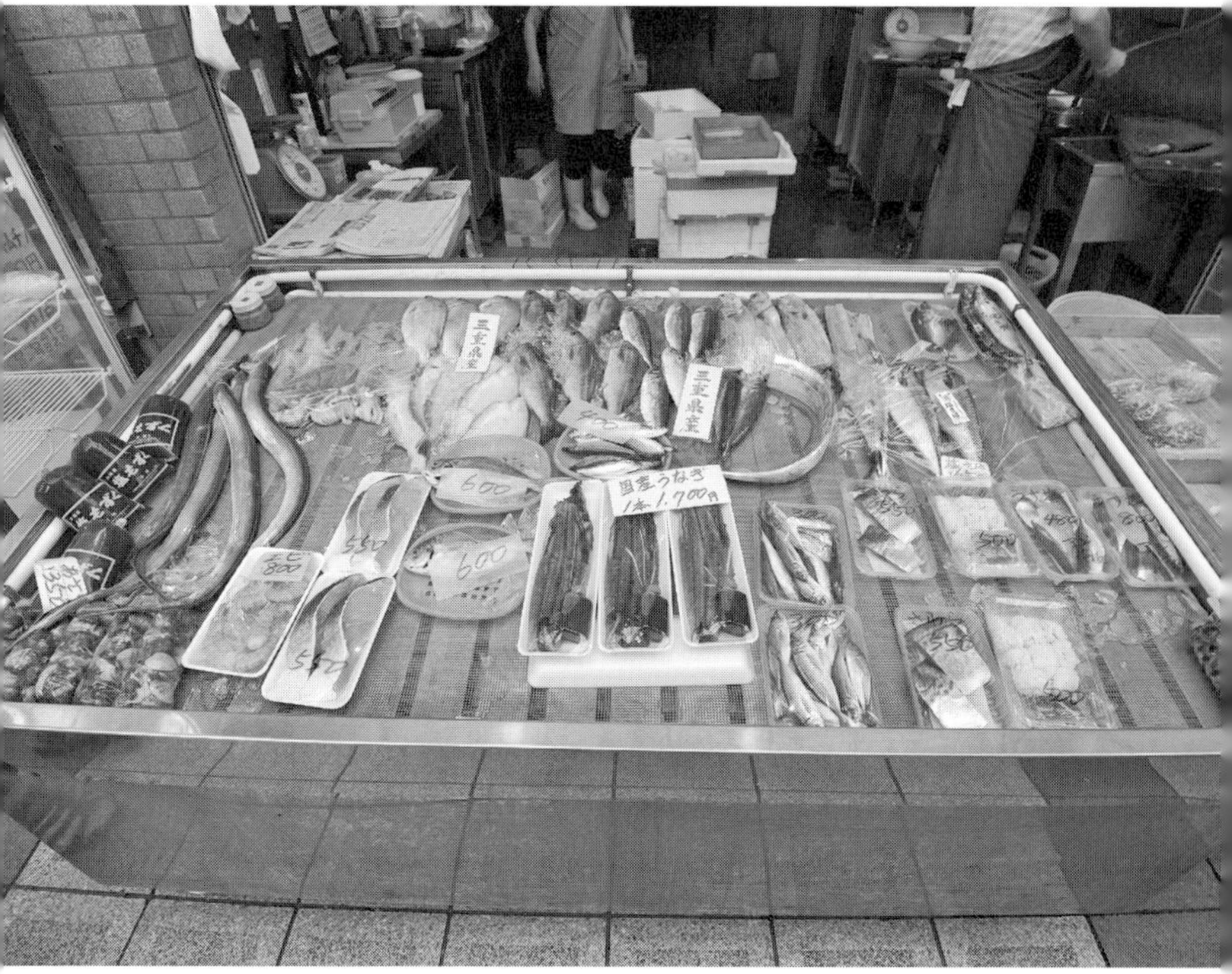

店先に並ぶ商品
（撮影者：国立歴史民俗博物館　勝田徹、平成 23 年 8 月）

し、ちょっと珍しいものなら、聞けばすむ話である。

行商、あるいは露店の市のような場所での買い物は、売り手と買い手が直接顔を突き合わせ、物のやりとりをするところに大きな特徴がある。なにを、どのくらい、いくらで買うか、互いに言葉を交わしながら決めていくのである。

その過程で、客は品物についてのさまざまな情報を得る。魚の名前、旬の時期、料理法、保存法……。売り手もまた、会話をしながら情報を得る。客の好み、家族構成、さばき方への要望など、なにをどうやって食べたいのかを知ったうえで、品物をすすめたり、アドバイスしたりする。

売り手は魚について豊富な知識を持っている。そのことがこうした売り方を可能にしているのだが、実のところ、客の側にもそれを受け入れるだけの器が必要である。どういったものを良しとし、なにを望むのか、価値基準が定かでなければ、売り手とのやりとりが成り立たないのである。

つまるところ、ここでのやりとりは、売り手と買い手、相互の五感に支えられている。五感を駆使して初めて、互いに納得のいく取引が成立する。そうした買い物は魅力的でありながら、ときに煩わしさを伴う。それがため、現代人の多くが一方的で合理的な買い物の方法を選択する。私自身も、日常生活の中では合理的な買い物に終始してしまうひとりだ。

現代社会における買い物は、近年ますます多様化を極めている。

スーパーマーケット、コンビニエンスストア、さらにはインターネットによる通信販売と、情報化されたモノを相手に、五感を必要としない買い物をすることに、現代人の多くは慣れてしまった。

買い物場面で五感を使わなくなったとき、頼りにするのは、「ブランド」、「原産地」、「成分表示」、「賞味期限」といった商品に付された情報だけである。そして、そこになんらかの偽りや誤解が生じると、たちまち社会問題にまで発展する。現代社会が抱えるひずみのひとつが、ここに顕在化している。


伊勢湾でとれる魚、とりわけ地先一キロ程度の沿岸でとる魚のことを、マエモン（前物）とよぶのだそうだ。以前、晃さんとよし子さんから聞いた。

まさに目の前の海でとれるから、マエモン。そういえば、大阪でとりわけ価値が高かったというマダイは、「マエの鯛」だった。この場合のマエは、西宮戎神社の前の海、つまりは大阪湾の最奥にあたる。

「江戸前」という言葉もある。「江戸前」の海域を定義づけた江戸時代後期の資料によると、その範囲は、武州品川洲崎一番の棒杭から武州深川洲崎松棒杭までの沿岸。すなわち、当時御《ご》府内《ふない》とよばれた江戸城下の目の前というわけだ。海域を示す「江戸前」は、そのまま江戸湾の奥でとれる豊富な魚介類のことをさしていた。

いずれの内湾も、近代以降の度重なる開発ですっかり様相を変えてしまったが、もとは幾筋もの川が流れ込む河口域の浅海で、洲や藻場に恵まれた好漁場だった。そしてそこでとれる

「前の魚」は、小ぶりながらも多彩な種類をそろえ、特別な価値ある魚としてとらえられてきた。

「前の魚」への特別な思いは、寄り来る魚への愛着と感謝に根ざしている。

それは、この国の先人たちが培ってきた、海の魚への強いこだわりにつながっている。一年でもっとも大切な節目である正月を迎える日の晩に、来る年の平穏を願ってその土地ならではの魚を食べる心情。そして海から遠く離れた山奥に住む人たちが、祭りの日のご馳走に海の魚を待ち望む、あの心情である。

「伊勢屋」の行商人たちは、自らの目で選んだ「前の魚」を、自らの足で運び、そして自ら売る。買う人は、売り手を通して、それが運ばれてきた道筋と、産地である「前の海」まで、すべてを見わたすことができる。それはきわめて小さな流通だが、「前の海」に生息する魚介類と同じく、少しずつ、いろいろな種類を四季折々取り揃えるということに、大きな価値を見出す世界でもある。

単なる鮮度の問題ではない。行商人が運ぶ「前の魚」は、都会で暮らす人たちに、海で育まれた生命が我々のいのちを支えていること、そして、海によりそうことなしには我々は生きられないことを、教えてくれるのである。

「伊勢屋」五十五年の歴史

店先で思いがけず常連さんたちを観察することになった日から、およそ半年たった平成二十六年十一月のある日、携帯が鳴った。よし子さんだった。

「あのな、うち、店やめたんや」

突然のことに、言葉が出ない。

最初の異変は、よし子さんのお父さんの急逝であった。体調を崩していたお父さんの容態が急変し、看病と商売に奔走していたよし子さんは、膝の靭帯を傷めてしまった。追い打ちをかけるように、大阪市の保健所から、店に給湯器を設置することと、水道の蛇口を追加するよう指示があった。さらには、晃さんが大阪市内に預けていた軽トラックの車検も迫っていた。

以前から、商売が厳しいとの話はうかがっていた。古くからの常連客はいるものの、店の数軒先に新しくスーパーマーケットができ、売り上げは低迷していた。

店の家賃、軽トラックの駐車場代にガソリン代、近鉄線の定期券、店の光熱費、商店街のゴミ処理代……。あれやこれやの積み重ねで、ひと月にかかる経費は相当な額になる。このうえさらに店の設備に投資が必要となると、とうていそれをまかなうことはできない。そこへもって、お父さんが亡くなり、よし子さんの足が動かなくなって、ついに決断のときを迎えたのだという。

「もうちょっと続けたかったけどな」

西成区のあの商店街に、もう「伊勢屋」はないのだ。そう思うと、寂しさがこみあげてきた。

年が明けた平成二十七年二月、松阪を訪ねることにした。

カンをもらいに行った日以来、四年半ぶりの猟師町である。港も、遠浅の海の景色も変わっていない。

日曜・祝日以外の毎日、未明から夜遅くまで働き続けてきたおふたりである。急に生活のリズムが変わってどうされているかと案じていたが、迎えてくださった表情は思いのほか晴れ晴れとしていて、少しほっとした。

まだ痛む足をひきずるよし子さんの傍らで、晃さんが甲斐甲斐しくお茶の仕度をしてくださる。苺が乗ったケーキをいただきながら、店を閉めたときのいきさつをうかがった。

娘さんが撮ったという写真の中に、こんな張り紙があった。

閉店のお知らせ

当店「伊勢屋」は11月1日（土）をもちまして閉店させて頂きます。伊勢から大阪に来て55年、先代より大変ご贔屓頂き、ありがとうございました。長年のご愛顧感謝申し上げます。店主これを見た常連さんたちの驚きは、いかほどだったろうかと思う。案にたがわず、ショックを受けた老齢のお客さんの中には、泣いてしまう人もいたらしい。

お客さんからもらったという手紙を見せてもらった。

伊勢屋さんへ

永い間おいしい魚を沢山食べさせてもらって幸せでした。ありがとうございました。二人共今まで一生懸命に働いてこられたので休憩するのもいいかもね。顔を見られなくなるのが、とても残念です。大阪に来られる様な事があれば、是非声をかけて下さい。体に気を付けて下さいね。

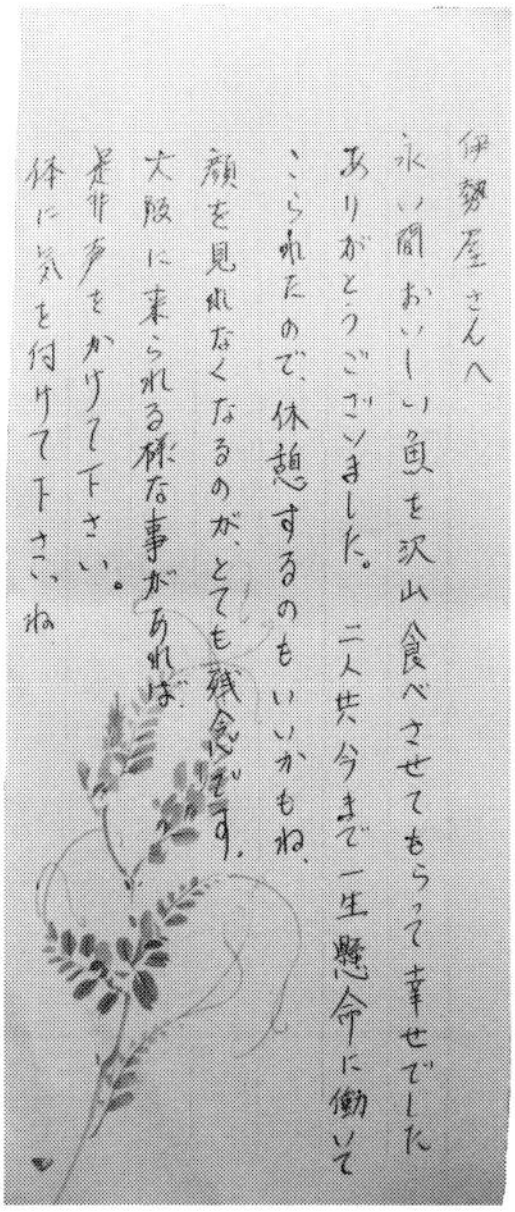
伊勢屋さんへ
永い間おいしい魚を沢山食べさせてもらって幸せでした
ありがとうございました。二人共今まで一生懸命に働いて
こられたので、休憩するのもいいかもね。
顔を見れなくなるのが、とても残念です。
大阪に来られる様な事があれば
是非声をかけて下さい。
体に気を付けて下さいね

「伊勢屋」宛の感謝の手紙
（平成27年2月）

長い間お世話になりました。お陰様で、いつも新鮮なお魚を食べれて幸せでした。早く足が良くなって、又新しい人生を、お父さんと楽しんで下さい。元気なお兄ちゃんの声が聞けなくなると思うと、淋しくてたまりません。お父様のご冥福心よりお祈りしております。くれぐれもお体を大切になさってください。お疲れ様でした。

同じ商店街で隣り合う店の人、毎朝電車に乗る前に晃さんが朝食を食べていたという松阪駅前の食堂。いろいろな人が、ねぎらいと感謝の言葉を残している。

「こんなんも、もらった」とよし子さんが見せてくれたのは、夫婦湯のみ。よく見ると、文字が刻まれている。

55年間美味しいお魚をありがとうございました。
いつも温かい笑顔をありがとうございました。

わざわざ注文して届けてくれたものだ。

これほどまでに、伊勢屋を愛し、運ばれてくる魚を心待ちにしていた人たちがいたということに、あらためて心を打たれた。

よし子さんのお父さんとお母さん、そして晃さんとよし子さん。二代、二組の夫婦がいてこその、伊勢屋の魚である。「おいしい魚」の価値は、それを運び届ける人に対する価値でもあったのだ。

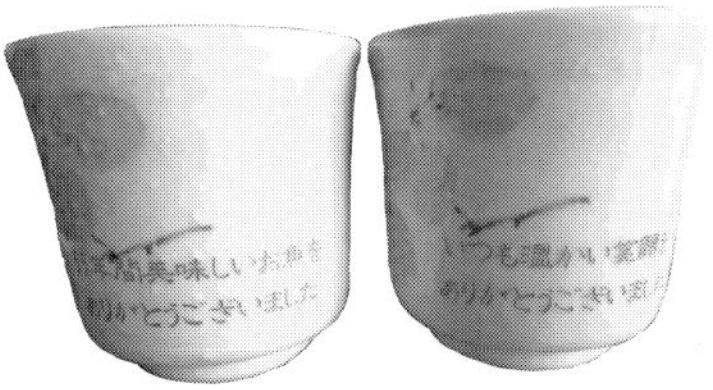

「伊勢屋」への謝意が焼き
込まれた特製の夫婦湯のみ
（平成 27 年 2 月）

閉店から半月ほどたった十一月十五日の土曜日、三人の娘さんとそのご家族が一堂に会して、自宅で「おつかれさま　そしてありがとうの会」を開いてくれた。娘さんの手作りだというそのときのアルバムも、見せてもらった。

すでに嫁ぎ、それぞれ家庭をもつ娘さんたちが、メッセージを残していた。

お父さん、お母さんへ

長い間、お仕事お疲れさまでした。自営業で家族経営という代わりのきかない立場で、長い間ずっと働き続ける事は、本当に大変な事だと思います。朝早くから遅い時間まで、体調のすぐれない日もあったかと思います。毎日毎日、遠い大阪まで働きに出てくれていたお父さんとお母さん。尊敬と感謝の気持ちでいっぱいです。

これからはお父さんお母さん自身のことを一番に考えて、第二の人生を楽しんで下さい。お疲れさま。ありがとう。感謝。

お父さんお母さん、長い間お疲れ様でした。大阪での一人暮らし、シアトルへの海外研修、いろんな経験が出来たのは2人のおかげです。これからは仲良く、ゆっくり過ごして下さい。

長い間、お疲れ様でした。魚屋さん、跡継げなくてごめんね。お父さんとお母さんのおかげで大好きな仕事ができています。働き者の2人のおかげで、好きなことをさせてもらい、ありがたい生活ができています。親となった今、今まで以上に実感し、感謝していきます。ありがとうございます。

新しい生活スタート！　楽しく過ごせますように。

店を継いだころから、閉店までのおふたりの写真の合間に、娘さんのご主人たちのコメントや、お孫さんたちのかわいらしいメッセージも挟まれている。「伊勢屋」という店はなくなっても、五十五年の店の歴史は、家族の歴史として、こうやって次の世代、その次の世代へと語り継がれていくのだろう。

アルバムを繰っていくと、突如「山本志乃さま」とタイトルのついたページが現れた。国立歴史民俗博物館に家族でいらしたときの写真や、私が過去に送った店の写真、手紙の縮小コピーまで貼り付けてある。

気恥ずかしくはあったが、伊勢屋の歴史にほんの少しだけ足跡を残させてもらったようで、純粋にうれしかった。

帰り際、戸口に貼られた菩提寺のお札の横に、イワシの頭が二つ、竹筒に刺してあるのが見えた。節分の魔除けである。もう立春なのだ。

ふいに、店先で会った常連さんの姿が思い出された。自分の目で魚を見て、いろいろ食べ方を考えながら選ばないと気がすまない、と言っていた、周参見出身の女性である。

この人は、他の伊勢屋の常連だったが、そこが閉店したので、晃さんたちの伊勢屋を紹介されてきた。ここでもまた閉店してしまって、あの人はどうしているだろう。新しい店を見つけられただろうか。

以前カンをもらいに来たとき、垣根越しに立ち話をした行商人のご夫婦も、もう店を畳んだと聞いた。猟師町では、ここ数年でそうした人が急に増えたという。

それでも、鮮魚列車は走り続けている。始発電車に乗る一番組の人たちも健在だ。

きっとどこかで、次の「伊勢屋」が見つかるに違いない。そう願いながら、まだ風に冷たさの残る早春の松阪を後にした。

おわりに――消え行く行商列車

大山口駅（山陰本線）のサンドさん
（昭和 40 年ごろ、鳥取県立公文書館蔵）

平成二十五年四月、新聞に小さな記事が掲載された。

京成電鉄、行商列車を廃止　利用者減少で長い歴史に幕（『日本経済新聞』四月十八日）

千葉県の成田と東京とを結ぶ京成電鉄が、昭和十年から運行してきた「行商専用車両」を、この年の三月末で廃止したというニュースである。

千葉県北西部の北総とよばれる農村地域からは、野菜を背負った行商人が、列車を使って東京まで売りに来ていた。近鉄の鮮魚列車は、その名のとおり魚の行商列車だが、こちらは農産物の行商列車である。

かつて行商人が大勢いたころは、鮮魚列車と同様に、専用列車として運行されていた。近年は、平日の朝七時四六分に芝山千代田駅（千葉県芝山町）を発車する、京成上野駅行き普通列車の最後尾一両のみとなっていた。人数は減っても、その様子はしばしば紹介され、東京の下町に残された風物詩のひとつとなっていた。

行商人の多くは、農家の女の人たちである。自分の背丈ほどもありそうな大きな荷物を背負い、「カツギヤのおばさん」の名で知られていた。竹製の四角い籠の上に、ダンボールの箱を二段、三段と重ね、重さは全部で約六〇キロにもなるという。

京成電鉄だけではない。ＪＲの成田線や総武線なども使って、東京方面へ盛んに出かけていた。売りものの大半は自宅周辺でとれた野菜である。成田線沿線の小林駅や安食《あじき》駅では、早朝発の電車にあわせて、行商人のための朝市も開かれていた。朝市に出店するのは、近隣の農家の人たちで、行商人は自宅で作った野菜に加えて、ここで品揃えを補うのである。

カツギヤの行商は、大正十二（一九二三）年の関東大震災をきっかけに始まったといわれる。極度の食料不足に陥った東京へ、千葉県や茨城県などの近郊農村から野菜や卵が持ち込まれた。記録によると、震災直後の一か月間で、成田線の各駅から乗る行商人の数は一五〇人に達したという（千葉県印旛支庁『行商の実態』）。

その後、昭和十年代になると、利根川を初め、印旛沼・手賀沼一帯で水害が相次ぎ、蔬菜《そさい》の栽培で現金収入を得ようとする農家が急増した。このため、蔬菜を直接売って日銭が入るという利点から、東京への行商がますます盛んになり、行商人の組合が作られて組織的に活動するようになった。京成電鉄の専用列車が運行開始となったのは、ちょうどこのころである。

第二次世界大戦中は組合もいったん解散を余儀なくされたが、戦後ふたたび盛んになり、昭和四十年ごろには、この周辺の大半の農家が行商に携わるまでになった。昭和三十九年当時、成田線と総武本線、京成電鉄の沿線地域にそれぞれ行商人の組合があり、人数はあわせて四〇〇〇人にものぼっている（千葉県印旛支庁　前掲書）。

このころをピークに、自動車の普及と代替わりによって、カツギヤの行商人の数は減り始める。なかには、車による行商にきりかえた人もいたが、スーパーマーケットの出現などで需要も少なくなった。

平成の初めころは、上野・日暮里周辺を中心に、高田馬場などの山手線西側や、遠くは神奈川県の鶴見あたりまで行く人がいた。ひとりあたり、三〇軒から五〇軒の得意先をもっていて、お嫁さんを世話したり、得意先の人に旅行に連れて行ってもらったり、商売を越えたところでも、いろいろなつながりを持っていた。

専用列車は走らなくなったが、行商人がいなくなったというわけではない。実際に、現在でも、カツギヤの姿は東京の街中で時折目にする。専用列車が必要だったのは、カツギヤの人数が多かったためで、少なくなれば一般乗客との混載でもさして問題はない。列車の運行には、それに見合うだけの収益が求められる。採算が合わなくなれば、廃止されるのも仕方のないことなのである。

＊＊＊

あらためて、行商列車の存在を考えてみる。

伊勢志摩地方のカンカン部隊も、山陰線のアキンドも、そして北総のカツギヤも、列車を使った行商の多くは、女性によって担われてきた。

そもそも、道端で物を売る商人は、中世の絵巻物などみても、女性の姿が多くみられることが指摘されている。しかし、広域的で長期にわたる行商となると、富山の薬売りに代表されるように、むしろ男性の専業であることのほうが多い。

男性の場合、交通手段の変化に伴って、徒歩からしだいに自転車や自動車を利用して行商をするようになる。だが、女性の場合はせいぜいリヤカー程度で、多くは自転車さえも利用しない。籠ひとつ背負って自分の足を頼りに出かけるのが、女性の行商の基本なのである。

鉄道は、そうした女性の行商人が販路を広げるにあたって、きわめて有効な手段だった。毎日、決まった時間に乗りさえすれば、荷物とともに間違いなく目的地まで運んでもらえる。そして着いた先で列車を降りたあとは、得意先の家々を歩いてまわる。それまで、徒歩で日帰りできる程度の行動範囲だったものが、生活圏を越え、数十キロ先までも足を延ばすことが可能になった。鉄道網の広がりとその利用の普及は、女性の行商人にとって、ひとつの大きな画期だったのだ。

泊の魚アキンド、伊藤増子さんの話を聞きながら、気づいたことがあった。

たくさんの思い出話の中で、お客さんとのやりとりはもちろんのこと、往復の汽車で出会った人たちとのふれあいも同様に、ひときわ輝きを帯びているということである。

列車には、さまざまな人が乗り合わせる。そのほかにも、運転士がいて、車掌がいて、駅員がいて、整備や管理をする人がいて、そしてこれを動かすダイヤを作る人がいる。駅から駅へと続く線路の間には、たくさんの人が介在し、そこにいくつもの出会いが広がっている。

日本の列車は、規則正しく、そして確実で安全な移動手段である。ただしそれだけに留まるものではない。鉄道は、人と人とをとり結ぶ時空間を運ぶ乗り物なのである。乗り手自らが運転し、自分だけの占有空間を保ったまま出発地と目的地とをピンポイントでつなぐ自動車とは、その点が大きく異なっている。

＊＊＊

魚の行商は、過酷な労働である。

未明に起きて仕入れをし、氷を入れた重い荷をかついで運ぶ。品物は、鮮度が勝負の魚だから、できるだけ早く売りきってしまわなければならない。毎日が、その繰り返しである。にもかかわらず、これに従事していた人たちは、「やってよかった」と口を揃えて言う。きつい仕事ではあるが、確かな稼ぎと、大きな充足感がそこにはあった。

晃さんが、こんなことを言っていた。

「行商は、楽や。家で店やってたら、閉めたあとでもお客さんが来ると応対せんといかん。通勤があるから、ええのや」

往復五時間の通勤が楽なわけはないが、客の居住区域とは別のところに住み、適度な距離を保つことが、日々の生活に心地よいリズムを与えていたということなのだろう。

店と家という二つの生活圏をもち、その間を列車で往復する。毎日が小さな旅の連続である。ささやかな移動でも、異なる空気に触れれば、自ずと気持ちも入れ替わる。鮮魚列車に揺られる往復の時間があるからこそ、仕事へのやりがいと、強い自負を保ち続けることができたのかもしれない。

そんなことを考えていたとき、新たな情報を耳にした。宮崎県の博物館に、カンカン部隊の道具が展示されているというのだ。

平成二十七年の三月下旬、宮崎に飛んだ。ちょうど九州で桜の開花が伝えられた日で、三分咲きほどの桜の花が南の風に揺れていた。

宮崎県総合博物館の学芸員、小山博さんが、収蔵庫に保管されているカンを見せてくださった。それは、私がこれまで目にしたどのカンよりも、行商人の「本気」を感じさせるものだった。

楕円形で大きく、なによりの特徴は、とにかくブリキが厚い。気温の高い宮崎では、このくらいの厚さがないと鮮度を保てないのだろう。

ブリキが厚ければ、重いのは当然だ。そこへもって魚を入れ、氷を入れ、いったいどのくらいの重さになるものか、想像もつかない。

カンの運び方が、また独特である。リュックサックの形をした専用の幌布の袋にすっぽりとおさまるようになっていて、この袋ごと背負うのである。袋の底は幌布を何枚も重ね、刺子のように頑丈に縫ってある。例にたがわず、この地域の行商人も、多くが女性である。

カンの表面には、宮崎県の保健所から出された丸いシールが、いくつも貼られていた。検査に合格したという証である。一種の鑑札だが、まるで山岳修験の行者が白装束に残す、修行印のようだ。カンの表面を覆うシールの群れは、これを使っていた行商人の生きざまそのものであるようにも思えた。

展示室には、同じ形のカンと、リヤカーも置かれていた。リヤカーの荷台の上には、緑のペンキで塗られた木箱が据え付けてあり、その内側にはステンレスの板が貼られている。衛生管理に相当気を配っていたことがうかがえる。

魚の行商のために特注されたカン、幌布の袋、そしてリヤカー。漁家の細々とした副業、といった一般的なイメージをはるかに超え、産業化を果たした魚行商の姿がそこにあった。

このカンを使っていた人たちは、県北部の門川町《かどがわ》というところに住んでいた。門川から日豊本線を使い、北は延岡、南は日向からさらに下って、宮崎市内や都城まで行く人もいた。行先の駅にそれぞれリヤカーを預けておいて、得意先をまわる。その情景は平成の初めころまで見られたようだが、今では経験者の方もほとんど亡くなられたという。

門川港は、古くは尾末港《おずえ》といい、五十鈴川の河口域に開けた港である。カツオやマグロ漁でも賑わい、商家や問屋が集まる港町であった。

翌日、日豊本線で門川まで往復してみることにした。

宮崎駅から普通電車で一時間あまり、町のコミュニティセンターとの複合施設でもある駅舎に降り立った。駅から港までは、歩いてもさほどの距離ではない。この近さもまた、行商が発展した要因のひとつだろう。

港の向こうに、島が見える。乙島《おとじま》といい、景勝地になっているようだ。港は立派で、中型から小型の漁船がたくさん繋留《けいりゅう》されている。市場もあった。すでに操業時間は過ぎていて、「門川チリメン」と書かれた空箱が山積みされている。ちりめんじゃこがこの地の名産らしい。

ひとまわりしてから図書館に行き、駅に戻ると、宮崎方面への電車はちょうど行ったばかり

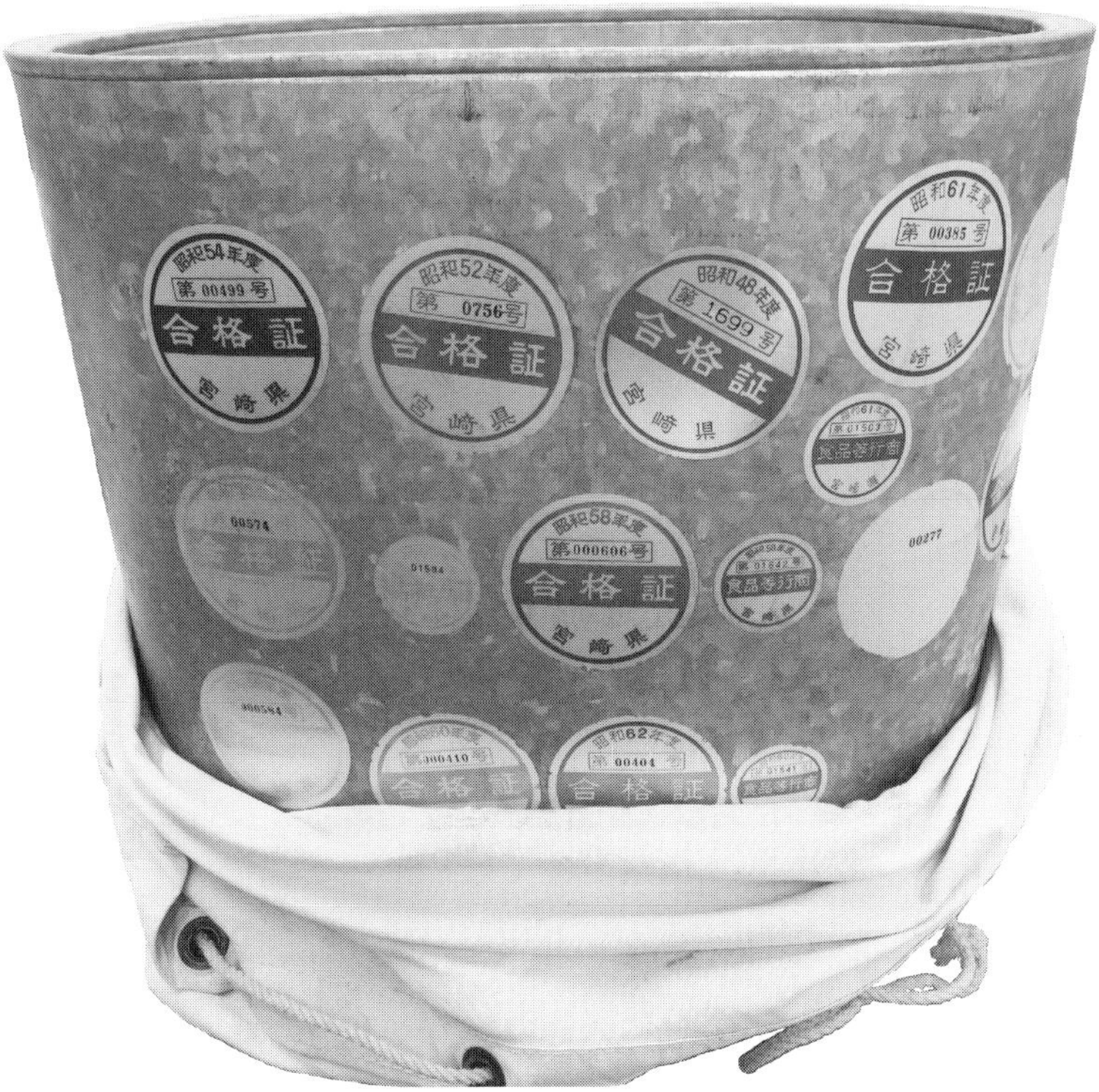

門川の行商人が使っていたカン
（宮崎県総合博物館蔵、平成 27 年 3 月）

であった。次の電車まで、一時間弱の待ち時間がある。普段、数分の電車の遅れにも苛立つというのに、こういう時はなんの苦もなく待つことができるのが不思議だ。

図書館でコピーした資料を見ながら、地図を広げた。気になる場所があった。日向市の南、耳川河口にある美々津《みみつ》。地名の響きに心が惹かれる。最終便の飛行機まで、時間も十分にある。途中下車して行ってみることにした。

美々津は、耳川上流域から運ばれる材木の積み出し港として、古くから栄えた。日向神話の地にふさわしく、神武天皇が大和に向けて出港したという言い伝えもある。現在その街並みは伝統的建造物群保存地区となっている。美々津駅からタクシーで一〇分ほど、大通りをそれて脇道を下った先に、趣ある港町が現れた。

春先の陽光につつまれ、時の流れが止まったかのようだ。時折、犬を散歩させる人が通るほか、港にも人影はない。

かつて廻船問屋を営んでいた河内屋という家が、日向市歴史民俗資料館という名で開放されていた。河内屋が所有していた千石船に関する資料などが展示され、往時の美々津の繁栄がうかがえる。

「静かですね」と受付の女性に話しかけると、にっこり微笑んで、「ここは大正十二年からさびれましたから」という。日豊本線の開通で、交通の要所としての役割を終えたらしい。

「でも、さびれたから空襲にもあわず、街並みが残りました」

皮肉な話だが、心安らぐこの景観も、時代に取り残された賜物なのである。

「ここはちりめん（じゃこ）の産地。だしもいりこ。だからか、長寿が多いんですよ。九十歳、百歳なんて人、いっぱいいますよ」。静かな町で穏やかに長生きできれば、これほど幸せなことはない。

再びタクシーで駅に戻り、宮崎空港に向かう電車に乗った。

日豊本線の開通で衰退したという美々津。その日豊本線を使って行き来した、戦後のカンカン部隊。

行商というと、おしなべて前近代的な商売のように思いがちだが、もしかしたら当時のカンカン部隊は、時代の先を行く先鋭的で斬新な人たちだったのではないか。博物館に展示されていたあのカンやリヤカーは、それまでの行商スタイルを刷新する、革命的な道具だったとも考えられる。

先進的な事物は、次に新しいものが登場すれば、とってかわられるのが宿命だ。カンカン部隊が消えていったのも、廃れたというよりは、次の世代の次なる手段に受け渡されたと考えるほうが妥当なのかもしれない。現に、自動車で行商してまわる人は各地にいるし、漁港の近くで朝市が開催されるなど、「おいしい魚」を届ける人とそれを待つ人との出会いの場は、かえって需要を増してもいる。

新しい旅が、またひとつ、新しいことに気づかせてくれた。訪ね歩けば、いろいろなところにまだ、カンカン部隊の足跡が埋もれているような気がしてくる。

いずれまた、ここへも来ることになるだろう。

南へ向かう電車の右の窓に、西日が差してきた。

反対側の窓に目を転じると、その外には、暮れかかる日向灘に面した海岸線が、延々と続いていた。

【参考文献】

上井商工連盟創立五十周年記念誌編集委員会
二〇〇四『上井商工連盟創立五十周年記念誌　あげい躍動の歩み』上井商工連盟
網野善彦
一九八五「古代・中世・近世初期の漁撈と海産物の流通」永原慶二他編『講座・日本技術の社会史　二』日本評論社
海の博物館編
二〇〇五『伊勢湾は豊かな漁場だった――伊勢湾漁師聞き書き集』三重県漁業協同組合連合会
愛媛県歴史文化博物館
二〇〇四『村上節太郎がとらえた昭和愛媛』愛媛県歴史文化博物館
大阪市水産物卸協同組合編著
一九八五『水産物流通の変貌と組合の三十年』蒼人社
神崎宣武
一九八五『峠をこえた魚』福音館書店
一九九〇「神饌考①生饌」『Vesta』五号　味の素食の文化センター
北見俊夫
一九七〇『市と行商の民俗』岩崎美術社
熊倉功夫解題、宮坂正英翻刻・翻訳
一九九七「シーボルトが記録した江戸の食材」『Vesta』二七号　味の素食の文化センター
倉田亨監修
一九八一『大都市における水産物需要の動向と流通対策――大阪市中央卸売市場本場の仲卸機能を中心に』株式会社エー・エー・ピー

胡桃沢勘司
一九九六「駅路の合理性――因美国境地帯の交通・交易伝承」『民俗文化』八　近畿大学
胡桃沢勘司編著
二〇〇八『牛方・ボッカと海産物移入』岩田書院
国立民族学博物館編
一九九一『国立民族学博物館研究報告別冊一六号　現代日本における家庭と食卓』国立民族学博物館
酒井亮介
二〇〇七「敗戦から統制制度撤廃までにおける大阪の生鮮食料品の流通状況について」『大阪市公文書館研究紀要』第一九号
二〇〇八『雑喉場魚市場史――大阪の生魚流通』成文堂書店
桜田勝徳
一九三四『漁村民俗誌』（一九八〇『桜田勝徳著作集　第一巻』名著出版　所収）
一九四九「背後農村との交渉」『海村生活の研究』（一九八〇『桜田勝徳著作集　第一巻』名著出版　所収）
笹井良隆編著
二〇一〇『大阪食文化大全』西日本出版
四宮守正
一九七二『日本の民俗　三一　鳥取』第一法規出版
嶋田謙次
一九八七『伊勢商人』伊勢商人研究会
シーボルト（斎藤信訳）
一九六七『江戸参府紀行』平凡社（東洋文庫）
上越市史編さん委員会編
二〇〇四『上越市史　民俗編』上越市

瀬川清子
一九七一『販女――女性と商業』未來社
田中啓爾
一九五七『塩および魚の移入路――鉄道開通前の内陸交通』古今書院
谷内　透他編
二〇〇五『魚の科学事典』朝倉書店
千葉県印旛支庁編
一九六四『行商の実態』千葉県印旛支庁
鳥取県
一九七四『鳥取県史　第六巻　近世資料』鳥取県
鳥取県水産試験場
一九五九『鳥取県沿岸漁業の動向』（資料第一〇四号）
鳥取市
一九八三『鳥取市誌（二）』鳥取市
鳥取女子高等学校社会部
一九九四「国境を越える行商人――因美線の魚介類行商人」
泊村誌編さん委員会
一九八九『泊村誌』鳥取県東伯郡泊村
中村周作
一九八五「水産物行商人の空間行動様式――山陰地方の事例を中心として」『人文地理』第三七巻第四号
錦織　勤・池内　敏編
二〇〇五『街道の日本史　三七　鳥取・米子と隠岐――但馬・因幡・伯耆』吉川弘文館
農山漁村文化協会編
二〇〇三『聞き書ふるさとの家庭料理　二〇　日本の正月料理』農山漁村文化協会

橋本健二・初田香成
二〇一三『盛り場はヤミ市から生まれた』青弓社
藤田綾子
二〇〇五『大阪「鶴橋」物語――ごった煮商店街の戦後史』現代書館
本間伸夫他編
一九八五『日本の食生活全集 一五 新潟の食事』農山漁村文化協会
松阪市史編さん委員会編
一九八一『松阪市史 第九巻 史料篇 地誌二』蒼人社
一九八一『松阪市史 第一〇巻 史料篇 民俗』蒼人社
一九八二『松阪市史 第一四巻 史料篇 近代一』蒼人社
松下幸子
一九九一『祝いの食文化』東京美術
松本市立博物館編
二〇〇二『鰤のきた道』オフィスエム
宮本常一
一九六四『海に生きる人びと』未來社
八頭郷土文化研究会編
一九九六『新編八頭郡誌 九巻 八頭郡のくらしと民俗』八頭郡町村会
柳田国男
一九四〇『食物と心臓』(一九九〇『柳田国男全集 一七』ちくま文庫 所収)
米子鉄道管理局編
一九六三『米子鉄道管理局史』米子鉄道管理局

あとがき

市に露店を出す人や、行商の人など、小さな商売に携わる人たちに興味を持つようになって、二十五年ほどになる。

その間、さまざまな出会いがあった。

お礼にかえて、教えていただいたことをできる範囲で活字に残すよう心がけてきたが、論文や報告書といった表現手段においては、簡潔に要点を整理することが求められ、それを書くにいたった経緯や背景は、極力省かざるをえない。そのことに、幾ばくかの物足りなさと虚しさを感じていた。

どのようなジャンルであっても、成果が得られるまでの過程が重要であることに変わりはない。だが、ことに、語られる言葉や日々の行いなどを通して人の生きざまや社会のありようを探ろうとするこの分野においては、どういう人とどこで出会い、どうやって関係を築きあげていったのかというところに核心があり、場合によってはそのことが、導き出される結果以上に大切な意味をもつこともある。

本書の軸を、私的な探訪記に置いたのは、そうした理由による。平成二十二年の夏から足かけ六年、カンカン部隊を追う旅は、稚拙な失敗とつまずきの連続だった。けれども、その先には、必ずといってよいほど新しい出会いがあり、発見があった。

伊勢志摩魚行商組合連合会の方々との出会いは、カメラはおろか、メモ帳すら取り出すのもはばかられるほどの緊張感のもとに始まった。だからこそ、そのときのひとコマひとコマは、かえって驚くほど鮮明に頭の中に刻み込まれている。

書きおこすにあたり、行商人と初めて行動を共にしたあの日の感覚を思い出したくて、松阪発の始発電車に乗りに行った。四年を経て、確かに数は減ってはいたが、一番組は健在だった。このときも、カメラや手帳は封印して、あの日と同様に、ひたすらひとつひとつの情景を目に焼きつけることだけに集中した。そうしていると、記憶の陰に隠れていたちょっとしたできごとが、ふいに思い出されたりもした。

本当に大切なことは、メモしなくても、写真にとらなくても、覚えているものである。もちろん、すべての場面でそれが通用するわけではないが、ここぞというときには丸腰で向かっていく覚悟を、あのとき教えてもらったように思う。

魚の行商は、その日その日の真剣勝負である。その真剣勝負に向き合うだけの真剣さをこちらも持ち合わせていないことには、相手にしてもらえない。もはや現地調査でもなければ、フィールドワークでもない。人として試されていることを常に感じていた。それは私にとって、なにごにもかえがたく、そしてまた、忘れがたい経験であった。

行商人の足取りを追ううちに、漁業そのものへ目を向けることも増えた。泊の資料館で漁具を見ながらお話をうかがい、沿岸で営まれてきた漁法と漁具の多様さ、変遷のめまぐるしさに驚かされた。かつて漁師だった古老の方々が、それらの漁具にこの上ない愛着を持っておられることも、強く心に残った。

決して大がかりではないが、少しずつ、いろいろな種類の魚介類を得る。そこに、人と海との関わりの本質があり、その延長に行商もある。山陰でも、また伊勢湾沿岸でも、漁というなりわいと商いとの間にある共通性、連続性のようなものが、おぼろげながら見えてきたように思う。ただしその背後には、さまざまな理由で沿岸の小さな漁業が立ち行かなくなっていくという冷ややかな現実が、目をそらしようもなく横たわっている。

小さな漁業。小さな商売。小さな世界がもっていた生への確かな実感とささやかな幸せは、時代の流れに押されて、私たちの手からしだいに離れつつある。このこともまた、今後深めていきたい課題である。

皮肉なもので、こうしてあとがきを書く段になって、カンカン部隊の新たな実像もいくつか見えてきた。当面、旅は終わりそうにない。

ここに描いてきた人たちとの出会いは、伊勢志摩魚行商組合連合会の方々とは、国立歴史民俗博物館第四展示室（民俗展示室）リニューアル事業に、鳥取の方々とは、新鳥取県史編さん事業に、それぞれ参画させていただいたことが直接的な契機となっている。貴重な時間をさいてたびたびお話を聞かせてくださったみなさん、そして各関係機関ならびに近鉄グループホールディングス株式会社のみなさんに、あらためて深く感謝を申し上げる。

前後の章とはトーンが異なる第5章は、平成二十三年の暮れ、株式会社紀文食品のホームページ上に掲載した「正月と魚――ハレの日の家庭の食文化」と題する小論をもとに、『上越市史民俗編』（平成十六年）、『魚の科学事典』（平成十七年）などに執筆した拙稿を加え、再構成したものである。「和食」がユネスコの世界無形文化遺産となったこともあり、日本料理を構成する要素として魚料理が注目される機会も増えた。しかし、食材としての魚が本来持っていたはずの文化的な位置づけや意味は、どこか置き去りにされているような気がしてならない。行商の前提となる我が国の魚食文化や水産物流通の文化史を俯瞰する意味でも、本書に欠かすことができない章であると考え、同社のデータベースを再度活用させていただいた。

最後に、私が書いた鮮魚列車に関する小論を「発見」し、行商列車をテーマにした民俗誌的な本を書いてみないかと声をかけてくださった編集者の片岡力さんに、心からお礼を申し上げる。かつて先輩から「とにかくなんでも書いておくこと。そうすれば、どこかで誰かが必ず見てますから」と言われたその言葉を、このときほど実感したことはない。写真のレイアウトやタイトルなど、著者以上にこだわりをもって考えてくださった。おかげで、格別の思い入れがこもった一冊となった。また、厳しい出版状況のなか、本書の刊行をこころよくお引き受けくださった創元社の矢部敬一社長と編集者の堂本誠二さんにも、お礼を申し上げたい。

お話をいただいてから二年あまりの間に、奇しくも、ひとつの店の終焉を見届けることになった。あと少しアプローチが遅かったとしたら、こうした形でまとめることはおそらく困難であった。そう思うと、まさに時宜を得て世に出ることになった本であるという気もする。

さまざまなめぐりあわせが重なって、本書は生まれた。そのめぐりあわせの一端に居合わせたことを、なによりうれしく思う。

平成二十七年　立秋　　泊の定宿　海晴館にて

山本志乃

山本志乃（やまもと・しの）

1965年鳥取県生まれ。旅の文化研究所主任研究員。博士（文学）。法政大学非常勤講師。民俗学専攻。定期市や行商に携わる人たちの生活誌、庶民の信仰の旅、女性の旅などについて調査研究を行っている。著書に『女の旅――幕末維新から明治期の11人』（中公新書）、『日本の民俗3　物と人の交流』（吉川弘文館・共著）、『落語にみる江戸の食文化』（河出書房新社・共著）、『絵図に見る伊勢参り』（河出書房新社・共著）、『乾杯の文化史』（ドメス出版・共著）などがある。

行《ぎょう》商《しょう》列《れっ》車《しゃ》

〈カンカン部隊《ぶたい》〉を追《お》いかけて

2015年12月10日　第1版第1刷発行
2016年 6 月20日　第1版第2刷発行

著　者……………………………………
山本志乃

発行者……………………………………
矢部敬一

発行所……………………………………
株式会社 創元社
http://www.sogensha.co.jp/
本社　〒541-0047 大阪市中央区淡路町4-3-6
Tel. 06-6231-9010　Fax. 06-6233-3111
東京支店　〒162-0825 東京都新宿区神楽坂4-3 煉瓦塔ビル
Tel. 03-3269-1051

印刷所……………………………………
株式会社 太洋社

ISBN978-4-422-23036-8 C0039

日本の祭と神賑——京都・摂河泉の祭具から読み解く祈りのかたち

森田玲著　日本の祭のかたちを神輿・提灯・太鼓台・地車・唐獅子などの祭具の歴史から読み解き、京都と大阪（摂河泉）を中心とした各地の祭を探求。祭の本質と新たな魅力を描き出す。　2000円

年中行事読本——日本の四季を愉しむ歳時ごよみ

岡田芳朗・松井吉昭著　盆正月や節句など季節ごとの慣習から神社仏閣の祭事まで、現代に生きる年中行事の数々を網羅。その意味や歴史を生活文化に即して平易に解説した読み物事典。　1900円

にっぽん巡礼——漂泊の思いやまず

山折哲雄著　日本人の意識はどのように形成されてきたのか。くらし、祭り、信仰、仏教、美意識……ささやかな日常の情景、遠い時代の風土から宗教学者山折哲雄が自由闊達に読み解く。　1600円

日本の聖地文化——寒川神社と相模国の古社

鎌田東二編　古代人はどのような場所を聖地にしたのか。神社はなぜ〝そこ〟に建てられたのか。人文科学と自然科学の最先端の知見を総合して、日本の聖地文化の特性を明らかにする。　2400円

聖地再訪 生駒の神々——変わりゆく大都市近郊の民俗宗教

宗教社会学の会編　話題作『生駒の神々』刊行から四半世紀経ち、大都市近郊の「神々」の再調査を敢行。石切神社をはじめ中小寺院、さらには断食・ヨガ道場、占いストリート等も探求。　1900円

学校制服の文化史——日本近代における女子生徒服装の変遷

難波知子著　「管理の象徴」から「自分を演出するファッション」へ。お茶の水女子大学に残された制服変遷図を軸に、近代日本の学校観を大胆に問い直す、斬新な文化史研究。図版約百点。　4800円

麦酒伝来——森鷗外とドイツビール

村上満著　文明開化とともに日本に伝来したビール。最初はイギリスのエール、やがてドイツのラガーが流行り、ついには国産ビールが誕生する。その伝来から受容・普及の歴史を辿る。　1800円

鉄道の誕生——イギリスから世界へ

湯沢威著　蒸気機関以前の初期鉄道から説き起こし、本格的鉄道の登場の背景と経緯、その経済社会へのインパクトを考察した草創期の本格的通史。第四〇回交通図書賞［歴史部門］受賞。　2200円

鉄道の基礎知識

所澤秀樹著　探究心旺盛な著者が長年の調査研究の成果を惜しげもなく披露。車両、列車、ダイヤ、駅、切符、乗務員、信号・標識など鉄道システム全般を平易に解説。資料写真七百点超。　2300円

鉄道手帳【各年版】

所澤秀樹責任編集／創元社編集部編　二〇〇八年から毎年発行する鉄道情報満載のダイアリー。全国鉄軌道路線図、各社イベント予定、豆知識入りダイアリー、数十頁に及ぶ巻末資料を収載。　1200円

＊価格に消費税は含まれていません。